리더의 대화과외

소통으로 성과 내는 팀장들의 비밀 수업

리더의 대화과외
소통으로 성과 내는 팀장들의 비밀 수업

초판 1쇄 발행 2024년 12월 20일

지은이 김지엘
펴낸곳 드림위드에스
출판등록 제2021-000017호

교정 김정은
편집 양수미
검수 김일권
마케팅 위드에스마케팅

주소 서울특별시 강남구 학동로 165, 2층 (신사동)
이메일 dreamwithessmarketing@gmail.com
홈페이지 www.bookpublishingwithess.com

ISBN 979-11-92338-70-5(13320)
값 16,800원

- 이 책의 판권은 지은이에게 있습니다.
- 이 책 내용의 전부 또는 일부를 재사용하려면 반드시 지은이의 서면 동의를 받아야 합니다.
- 잘못된 책은 구입하신 곳에서 바꾸어 드립니다.

리더의 대화과외

김지엘 지음

성과
향상

구성원
안정감

신뢰
형성

소통으로 성과 내는
팀장들의 비밀 수업

드림위드에스

프롤로그   8

1장.
성공하는 리더가 되고 싶으신가요? 먼저 대화 과외를 받으세요!

리더십, 소통이 어렵다면?   14
왜 소통이 힘든가?   16
탁월한 리더십을 가지려면 소통에 대해 배워라!   18
소통의 힘! 대화 역량을 기르자!   18

2장.
다 배워봤는데, 왜 대화가 안 될까?

대화의 기술, 제대로 배우기   24
코칭, OKR, 멘토링의 차이점   25
상황에 맞는 대화 노하우   26

3장.
리더 대화의 비밀, 어떻게 표현하느냐에 달렸다

소통의 첫걸음, 목표가 아닌 과정으로서의 신뢰 쌓기	32
모든 신뢰 쌓기는 만남으로부터 시작된다	34
뭐든지 표현하라: 경청과 공감, 인정	35
경청의 기술: Eye Contact	36
타고나는 것이 아니라 배워서 얻을 수 있는 능력, 공감	39
"나도 그래." 이것은 공감이 아니다	41
팀원들의 마음을 얻고 싶다면? "인정"하세요.	42
어떻게 들으면 상대방이 표현할까? 경청의 기술	44
느끼고, 표현하고, 질문하라! 공감의 기술	46
감탄하라, 그리고 다시 한번 감탄하라! 인정의 기술	50
신뢰는 즐겁게 쌓아가는 것이다	52

4장.
성과 피드백 면담의 실제와 응용

상황1.
Phase 1. 대화의 시작: 단답형 팀원일지라도 마음에 '노크'를 해주세요	59
Phase 2. 대화의 전개: 팀원이 변명할 때 어떻게 할까?	62
Phase 3. 대화의 마무리: 리더가 팀원으로부터 '배려 멘트'를 들었을 때	66

상황2.
Phase 1. 대화의 시작: 구성원의 '하소연'에 반응하는 방법	71
Phase 2. 대화의 전개: 구성원이 더 많이 표현하게 해볼까?	73
Phase 3. 대화의 마무리: 무엇을 도와주면 좋겠어?	76

상황3.

Phase 1. 대화의 시작: 면담의 의도를 드러낼 땐 어떻게?   79
Phase 2. 대화의 전개: 금액을 언급할 때는 수치만 표현하기   83
Phase 3. 대화의 마무리: 구성원 인정하기 vs 구성원 달래기   87

5장.
성장 지원 면담의 실제와 응용

상황1.

Phase 1. 대화의 시작: 의심과 경계의 벽 허물기   97
Phase 2. 대화의 전개 및 마무리: 잔소리가 아닌 진짜 '조언'하기   100

상황2.

Phase 1. 대화의 시작: 대화의 시작은 쉽고 편안하게!   105
Phase 2. 대화의 전개: 침묵하면 더 많은 정보를 들을 수 있어요   109
Phase 3. 대화의 마무리: 리더님의 조언이 전해졌을까요?   113

상황 3.

Phase 1. 대화의 시작: 구성원의 말 속에 어떤 '감정'이 느껴지나요?   117
Phase 2. 대화의 전개: 억울함을 토로하는 구성원의 말에 어떻게 반응할까?   120
Phase 3. 대화의 마무리: 언뜻 보기에는 문제없어 보이는 대화, 하지만?   124

상황 4.

Phase 1. 대화의 시작: 질문 후에는 침묵하며 구성원 답변 기다리기   127
Phase 2. 대화의 전개: '나도 그랬어~'는 공감 언어가 아니에요   130
Phase 3. 대화의 마무리: 면담 마무리는 어떻게 해야 할까?   133

6장.
대화의 프로세스

1단계: 초기 세팅 – 면담의 성공적인 출발을 위한 준비 단계   142
2단계: 대화 시작 – 호칭을 정리하고 분위기를 잡자   146
3단계: 깊은 대화하기 – "침묵, 미미킹, 공감하기"   149
4단계: 인정하기 – "변화를 이끌어내는 마무리"   154

7장.
소통 잘하는 리더가 되는 지름길

면담은 단순히 정보만을 전달하기 위한 것이 아니다   162
성과피드백 면담 역량 I. 최소한의 동의를 위해 노크를 한다   164
성과피드백 면담 역량 II. 중립적으로 표현하기   166
행동 촉진 면담 역량 I. 변명을 기회로!   168
행동 촉진 면담 역량 II. 거울로 생각 비추기   170
마인드케어 면담 역량 I. 대화의 시작은 편안하게   172
마인드케어 면담 역량 II. 대화를 마무리할 때 기억해야 할 3가지   174

에필로그: 신뢰와 소통으로 향하는 리더십의 여정   181

프롤로그

  이 책을 집어 든 독자 여러분, 반갑습니다. 제목 그대로 저는 이 책을 통해 리더가 "대화 과외"를 받아야 함을 이야기하고자 합니다. 이 대화 과외라는 개념은 단순한 강의나 교육을 넘어, 리더들이 실제로 대화를 통해 구성원의 마음을 움직이고, 실행력을 끌어내는 방법을 체화하도록 돕는 것을 목표로 하고 있습니다. 저는 20년 이상 각종 대기업과 공공기관의 리더들을 대상으로 리더십과 소통에 대해 알려드리고 도움을 드려왔는데요. 오랜 기간 수많은 교육과 강연을 듣고도 실제로 행동의 변화를 가져오지 못했던 리더들을 보며 안타깝고 또 아쉬운 마음에 조금이라도 더 도움을 드려보고자 이 책을 기획하여 내놓게 되었습니다.

  이 책의 대상은 대기업이나 중견기업의 임원 및 부서장급 리더들, 혹은 3명에서 4명 이상의 팀을 이끌고 있는 모든 리더들입니다. 리더의 역할은 구성원의 성과를 자신의 성과로 만드는 데 있습니다. 따라서 구성원과 어떻게 소통하고 대화를 나누는지가 리더십의 핵심이 됩니다. 특히 성과를 내는 팀을 만들기 위해서는 단순한 정보 전달을 넘어, 구성원이 스스로 동기를 가지고 행동할 수 있게 하는 것이 중요합니다. 이 책은 그런 고민을 가진 리더들에게 꼭 필요한 내용을 담고 있다고 감히 자부할 수 있습니다.

  이 책에서 강조하는 '대화 과외'라는 개념은 왜 필요할까요? 이는 기존의 단순 교육이나 강의로는 해결할 수 없는 문제를 해결하기 위해서입니다. 많은 리더들은 외부 교육을 통해 코칭, 멘토링, 퍼실리테이션 등을 배우고도 이를 현장에서 적용하는 데 어려움을 겪습니다. 수많은 리더들을 코칭하며 깨달은 것은, 새로운 것을 배우고 이를 자신의 삶과 업무에 적용하는 것이 얼마나 어려운 일인지였습니다. 많은 리더들이 강의를 듣고, 코칭을 받고, 책을 읽으며 다양한 지식을 쌓지만, 실제로 그 배움을 직접 자신의 팀을 운영하는 것에 적용하기란 절대 쉽지 않습니다.

그 이유는 무엇일까요? 그것은 바로 리더들이 기존의 익숙한 습관을 깨지 못하기 때문입니다. 외부 교육을 듣고 열심히 필기하고, 코칭의 중요성을 깨달아도, 막상 강의장 문을 나서는 순간부터 다시 예전의 방식으로 돌아가는 경우가 대부분입니다. 습관이란 무서운 것이죠. 그래서 저는 리더들도 과외를 받아야 한다고 주장합니다. 대화 과외는 단순히 새로운 지식을 배우는 것을 넘어서, 배운 것을 실제로 업무를 포함한 삶의 현장에 적용하고, 그 결과를 함께 분석하고 피드백을 수용하며 나만의 맞춤형 소통 체계를 완성해가는 일련의 과정입니다. 말하자면, 실천과 피드백의 반복을 통해 대화의 방식이 자연스럽게 체화되도록 돕는 것입니다.

예를 들어, 제가 코칭했던 한 리더는 팀원들과의 소통을 항상 지시와 보고의 형식으로만 진행했습니다. 이 리더는 코칭을 통해 구성원들이 스스로 동기를 가지도록 돕는 대화 방식을 배우고 싶어 했지만, 막상 현장에서는 여전히 지시를 반복하고 있었습니다. 그래서 저는 그와 일대일로 과외를 진행하며, 실제로 그가 팀원에게 대화를 시도하는 장면을 동의를 구한 후, 녹음하고, 그 내용을 분석했습니다. 그 결과 그는 자신의 지시적 말투와 팀원의 반응 사이의 연관성을 깨달았고, 이를 바꾸기 위해 노력했습니다. 결국 그는 팀원에게 의견을 묻고 기다리는 침묵의 기술을 배웠으며, 그로 인해 팀원들이 자발적으로 문제를 해결하려는 태도가 생기기 시작했습니다.

또 다른 예로, 한 리더는 팀원에게 하는 긍정적인 피드백의 내용이 항상 단순한 칭찬에만 그쳤습니다. "잘했어", "대단해" 같은 칭찬은 일시적으로는 기분이 좋지만, 행동의 변화를 끌어내는 데는 한계가 있었습니다. 그래서 저는 그에게 구체적인 인정의 기술을 가르쳤습니다. 팀원이 잘한 부분을 노력과 의도, 행동 중심으로 구체화하여 짚어주고, 그것이 팀에 어떻게 기여했는지를 설명하는 방식이었습니다. 이를 통해 팀원은 자신의 역할에 대한 자부심을 느꼈고, 더 큰 책임감을 가지고 업무에 임하게 되었습니다.

이러한 과외 방식은 단순히 교육을 듣고 끝내는 것과는 전혀 다릅니다. 왜냐하면 교육에서 배운 내용을 실제로 적용해보고, 그 결과를 분석하여 피드백을 받는 과정을 통해서 진정한 변화를 경험할 수 있기 때문입니다. 특히 리더십의 핵심인 소통의 기술은 단순히 머리로 이해하는 것을 넘어서 몸에 배도록 연습해야만 합니다. 리더로서 구성원들과의 대화에서 중요한 순간마다 적절한 질문을 던지고, 침묵을 활용하고, 상대방의 감정을 읽어 공감하는 것은 단순한 지식의 축적으로는 절대 가능하지 않습니다. 바로 이 지점에서 밀착 과외의 필요성이 높아집니다. 일대일로 밀착되어 받은 과외는 이후 반복적인 연습과 피드백을 통해 리더로서의 새로운 소통 방식을 자신의 일부로 만들도록 돕습니다.

이 책의 목표는 단순히 리더들에게 더 나은 대화법을 가르치는 것이 아닙니다. 그보다는 리더들이 구성원들과의 소통을 통해 팀 전체 성과를 초과 달성해나가고, 팀에게 안정감을 제공하며, 신뢰를 쌓아가는 과정을 안내하는 것입니다. 단순한 지시가 아닌 소통의 힘을 통해, 팀원들이 스스로 성장하고 성과를 만들어가는 모습을 이끌어내고 싶으신가요? 그렇다면 이 책은 여러분을 위한 것입니다.

　이 책을 통해 여러분의 대화가 팀의 성과를 높이는 데 그치는 것이 아니라, 구성원 한명 한명에게 동력을 부여하고, 역동적인 성장을 일으키는 리더로서의 핵심 역량이 되기를 바랍니다. 이제, 대화 과외의 여정을 함께 시작해 봅시다. 이 책이 여러분의 리더십 여정에 든든한 길잡이가 되기를 바랍니다.

2024년 12월
김지엘

1장.

성공하는 리더가 되고 싶으신가요?
먼저 대화 과외를 받으세요!

1장.
성공하는 리더가 되고 싶으신가요?
먼저 대화 과외를 받으세요!

리더십, 소통이 어렵다면?

리더로서 탁월하게 성과를 내고 있다는 평가를 받고 있음에도 불구하고, 어느 순간부터 구성원들과의 대화가 점점 더 어려워지고 있다는 느낌을 혹시 받으신 적이 있으신가요? 아니면 '나는 명확하게 지시를 내리고 구성원들의 제안도 오픈 마인드로 받아들이는데, 왜 우리 사이의 벽이 점점 높아지는 것 같지?'라고 고민해 보신 적 있으신가요?

이런 고민을 하는 리더분들, 정말 많습니다. 리더십 역량은 충분한데도 소통의 어려움이 새롭게 도전으로 다가오는 상황, 정말 혼란스러울 수 있죠. 이럴 때 우리는 흔히 몇 가지 질문을 스스로에게 던지게 됩니다.

"내 리더십에 문제가 생긴 걸까?"
"혹시 세대 차이 때문에 소통이 어려운 건 아닐까?"
"아니면 소통이 원래부터 이렇게 어려운 걸까?"

사실, 소통은 결코 쉬운 일이 아닙니다. 리더십의 핵심 역량 중 하나로 여겨지는 소통은 경험과 능력만으로 해결되지 않는 복잡한 과정이에요. 그래서 이 문제를 마주한 여러분께 드리고 싶은 말은, '여러분의 리더십에 문제가 있는 게 아니라는 것'입니다. 대신, 소통은 제대로 배우고 개선해 나갈 수 있는 방법을 찾는 것이 중요합니다. 소통은 타고나는 능력이 아니라, 배움과 연습을 통해 점점 강화될 수 있는 역량입니다.

많은 회사들이 업무 기술을 위한 교육은 잘 제공합니다. 그러나 그 업무를 '함께 수행하는 사람들'과 어떻게 소통해야 하는지에 대한 교육은 상대적으로 미흡한 경우가 많습니다. 나 혼자만의 능력으로 좋은 성과를 낼 수 있는 일은 거의 없습니다. 결국 조직이라는 것은 하나의 성과를 만들어내기 위해 구성원들이 함께 움직이는 공동체이기 때문이죠. 그러므로 조직 내 소통의 수준이 우수할수록 목표 달성이 쉬워지고, 갈등이나 불만 해결에도 더 적은 시간과 에너지를 사용하게 됩니다. 이렇게 효율적인 구조가 만들어지면 성과 역시 자연스럽게 올라가는 건 당연한 결과겠죠.

최근에 많은 대기업들, 예를 들어 삼성이나 LG 같은 회사들에서 조직 문화에 대한 서베이를 진행하며 리더와 구성원 간의 소통에 조금씩 더 관심을 두기 시작했습니다. 하지만 아직도 소통이 실제로 업무 효율성과 성과 창출에 기여하는 효과를 크게 인지하지 못하는 경우가 많은 것도 사실입니다.

이제 여러분은 이 책을 통해 '구성원들과 어떻게 소통을 잘 할 수 있을 것인가?'에 대해 마지막 장까지 함께 배우게 될 것입니다. 이 시점에서 여러분은 평소 가지고 있던 소통의 방식이 과연 옳았을까 하는 의구심이 들 수도 있고, 또 앞으로 전개되는 소통 방법들에 생소함을 느끼게 될 수도 있을 것입니다. 모두 자연스러운 반응이니 염려하지 마십시오. 부탁드리고 싶은 것은, 여러분이 이 책을 읽는 동안에는 과외를 받는 학생의 마음으로 따라와 주셨으면 한다는 것입니다. 새로운 내용을 배우고, 최대한 이해하려고 노력하고, 실행이 어렵다면 언제든지 저와 소통해 주세요. 비밀 대화 과외 수업, 지금부터 시작해 보겠습니다!

왜 소통이 힘든가?

자, 그렇다면 왜 소통이 이렇게 어려울까요? 소통은 조직 내 모든 활동의 기본이자 핵심입니다. 여러분이 아무리 훌륭한 전략을 세운다고 하더라도 그 전략이 구성원들에게 제대로 전달되지 않고 실행되지 않으면 무슨 소용이 있을까요? 그래서 소통의 중요성이 강조되는 겁니다. 소통은 단순히 정보를 주고받는 것에 그치지 않습니다. 그것은 구성원들과의 신뢰를 구축하고, 그들이 리더의 비전을 이해하며, 목표를 향해 함께 나아가게 하는 필수적인 과정입니다.

탁월한 소통은 조직 내 여러 가지 긍정적인 변화를 이끌어냅니다. 첫째, 리더와 구성원 간의 신뢰를 쌓을 수 있습니다. 리더가 투명하고 일관된 소통을 통해 자신의 생각과 의도를 명확히 전달할 때, 구성원들은 리더를 신뢰하게 됩니다. 둘째, 소통은 효율성을 높입니다. 명확한 의사소통을 통해 업무 과정에서 생길 수 있는 오해와 착오를 줄이고, 불필요한 시간 낭비를 방지할 수 있습니다. 셋째, 소통은 문제 해결 능력을 높입니다. 구성원들이 서로 자유롭게 의견을 나누고 아이디어를 공유할 수 있는 환경이 조성되면, 창의적이고 효과적인 문제 해결이 가능해지죠.

그렇지만 소통이 원활하지 않을 경우 조직은 다양한 문제에 직면하게 됩니다. 첫째, 오해와 불신이 생깁니다. 구성원들이 리더의 의도나 결정을 제대로 이해하지 못하면, 불신이 생기고, 이는 곧 조직 내 갈등으로 이어질 수 있습니다. 둘째, 동기 부여가 떨어집니다. 구성원들이 자신의 의견이 무시되거나 리더와의 소통이 단절되었다고 느끼면, 조직에 대한 소속감과 동기 부여가 크게 떨어집니다. 셋째, 소통 부재는 갈등을 증가시킵니다. 명확하지 않은 의사소통은 업무 중복, 책임 회피, 그리고 팀원 간의 불필요한 경쟁을 초래할 수 있습니다.

예를 하나 들려드릴까요? 한 팀장이 있었어요. 추진력 있고 성과 중심적인 리더였습니다. 그가 빠르게 성과를 내기 위해 팀원들에게 업무를 배분했는데요, 디자인은 A에게, 내용 구성은 B에게 맡겼죠. 그런데 A가 디자인 작업에 서툴러 속도가 느렸고, B는 자신의 작업이 제대로 평가받지 못한다고 느끼며 불만을 품게 되었습니다. 갈등이 생기자, 팀장은 문제를 해결하기보다는 A에게 말도 없이 A가 맡고 있던 업무를 다른 팀원 C에게도 맡겼습니다. 그 결과, A와 B는 팀장의 결정에 의아해하며 불신이 커졌고, 팀 내 소통은 더욱 악화됐습니다. 결국 팀장은 성과를 내기 위해 빠르게 움직였지만, 소통의 부재로 인해 오히려 팀의 신뢰와 성과에 악영향을 미치게 된 것이죠.

이처럼 소통이 원활하지 않을 경우 조직 전체에 부정적인 영향을 미칠 수 있습니다. 그래서 리더라면 더더욱 소통의 중요성을 인식하고, 끊임없이 소통 역량을 강화해야 하는 것입니다.

탁월한 리더십을 가지려면 소통에 대해 배워라!

여러분, 탁월한 리더십을 가지려면 반드시 소통에 대해 배워야 합니다! 탁월한 리더십은 탁월한 소통 능력에서 시작됩니다. 리더는 자신의 비전과 목표를 구성원들에게 명확히 전달하고, 그들의 생각과 의견을 경청할 수 있어야 합니다. 소통이 잘 이루어질 때, 구성원들은 리더를 신뢰하고 조직은 목표를 향해 하나로 결집할 수 있습니다.

또한, 여러분이 구성원들과의 소통을 통해 신뢰와 안정감을 제공할 수 있다면, 그들은 리더와 조직에 대한 충성도와 책임감을 더 크게 느끼게 됩니다. 이를 통해 조직은 더욱 견고해지고 외부 환경의 변화에도 흔들림 없이 나아갈 수 있는 힘을 갖추게 되죠.

리더는 구성원들이 조직의 목표를 이해하고, 자발적으로 참여하도록 만드는 능력을 갖춰야 합니다. 이는 소통을 통해 이루어집니다. 리더가 구성원들의 의견을 경청하고, 그들의 목소리를 존중하는 태도를 보일 때, 구성원들은 조직에 대한 소속감과 책임감을 느끼게 됩니다. 소통을 통해 구성원들의 참여를 유도할 수 있다면, 조직의 목표 달성은 더욱 수월해질 것입니다.

소통의 힘! 대화 역량을 기르자!

이제 마지막으로 강조하고 싶은 것은 바로 '대화 역량'입니다. 여러분, 오늘날의 빠르게 변화하는 조직 환경에서 리더는 끊임없이 대화 역량을 강화할 필요가 있습니다. 특히, 다양한 문화적 배경을 가진 구성원들과 소통해야 하는 글로벌 조직에서는 리더의 대화 역량이 성공의 열쇠가 됩니다. 대화 역량을 강화함으로써 리더는 구성원들과의 원활한 소통을 이끌어내고, 이를 통해 조직의 목표를 효율적으로 달성할 수 있습니다.

특히 MZ 세대와의 소통은 기존과는 다른 접근이 필요하죠. 이들은 수직적인 명령보다는 수평적인 대화를 선호하고, 진정성 있는 소통을 원합니다. 여러분이 그들과 진정성 있게 소통하고 그들의 의견을 존중하는 모습을 보인다면, 더 큰 신뢰와 강한 유대감을 형성할 수 있을 것입니다. 리더가 MZ 세대와 효과적으로 소통하기 위해서는, 그들의 가치관을 이해하고, 이에 맞는 소통 방식을 익히는 것이 중요합니다.

여기까지 보시면서 소통이 왜 중요한지, 조금 더 구체적으로 이해하실 수 있게 되셨을 겁니다. 그런데, 이렇게 중요한 소통은 과연 어떻게 해야 잘할 수 있는 것일까요? 다음 장에서 몇 가지 대화의 기술들을 익혀보도록 하겠습니다.

소통의 기술! 한번 적용해볼까요?

1. 팀의 목표를 빠르게 달성하기 위해 팀장인 당신은 구성원들에게 업무를 배분했습니다. 하지만 일부 구성원이 업무에 대한 불만을 품고, 팀 내 갈등이 생겼습니다. 이럴 때 리더로서 어떤 방식으로 소통해야 할까요?

(Tip! 이 상황에서는 구성원들과 개별적으로 면담을 진행해 그들의 불만과 의견을 경청하는 것이 중요합니다. 팀 내 갈등을 줄이고 신뢰를 쌓기 위해서는 투명하고 진정성 있는 소통이 필요합니다.)

2. 구성원이 당신의 지시를 제대로 이해하지 못해 실수가 반복되고 있습니다. 이 상황에서 리더가 할 수 있는 최선의 소통 방법은 무엇일까요?

(Tip! 명확한 의사소통을 위해 지시 사항을 구체적으로 설명하고, 구성원이 이해했는지 확인하는 것이 중요합니다. 반복적인 실수를 줄이기 위해서는 열린 질문을 통해 구성원의 이해도를 점검하세요.)

3. MZ 세대의 팀원이 수평적인 소통을 원하며 자신의 의견을 자주 표현합니다. 이때 리더로서 어떻게 대응하면 신뢰를 쌓을 수 있을까요?

(Tip! 팀원의 의견을 존중하고 경청하는 모습을 보여주세요. 수평적인 소통을 통해 팀원이 조직에 대한 소속감과 신뢰를 느끼게 하는 것이 중요합니다.)

2장.

다 배워봤는데,
왜 대화가 안 될까?

2장.
다 배워봤는데, 왜 대화가 안 될까?

대화의 기술, 제대로 배우기

리더십을 발휘할 범위가 넓어지고 깊어질수록 대화의 중요성을 실감하게 되지만, 이 중요한 대화를 우리는 어디서 배울 수 있을까요? 많은 리더들이 코칭을 통해 배운다고 하죠. 코칭을 받다 보면 "네 안에 답이 있다"라는 말을 자주 듣게 되는데요, 이게 도대체 무슨 의미일까요? 정말 우리 안에 모든 답이 있는 걸까요?

우리는 여기서 '코칭'이라는 개념을 좀 더 깊이 들여다볼 필요가 있습니다. 코칭은 리더십 개발의 중요한 도구로 사용되고 있죠. 코치는 질문을 통해 상대방이 스스로 답을 찾도록 돕습니다. 바로 여기서 "네 안에 답이 있다"는 말이 나오는 겁니다. 조직 내부에서 활용하는 코칭 역시 리더가 구성원에게 직접 답을 알려주기보다는, 구성원 스스로 문제의 해답을 찾을 수 있도록, 문제를 해결할 능력이 자신에게 있음을 발견하도록 돕는 것입니다.

이러한 과정에서 구성원은 자신의 잠재력을 발견하고 문제를 해결하는 능력을 키우게 됩니다. 리더 역시 코칭을 실행하며 자신의 리더십 역량을 향상하고, 구성원을 있는 그대로 바라볼 수 있게 되지요. 하지만 조직에서 발생하는 여러 이슈와 갈등 상황에서 무조건 코칭이 정답이라 할 수는 없습니다. 때로는 명확한 지시나 피드백이 훨씬 더 효과적일 때도 있습니다.

코칭, OKR, 멘토링의 차이점

리더로서 다양한 소통 방식에 대해 알고 활용하는 것은 중요한 일입니다. 소통에 대해 교육을 받고 적용해 가시다보면 '원온원 미팅', '코칭', 'OKR', '멘토링' 등 다양한 용어들을 접하게 되죠. 자칫 이 용어들이 헷갈리실 수도 있을 것 같습니다.

먼저 원온원(1on1) 미팅이란 구성원과의 정기적인 대화 시간으로, 주로 업무 진행 상황, 목표, 문제점을 논의하는 자리입니다. 일대일 미팅이라고도 하죠. 반면, 코칭은 더 개인적인 성장과 개발에 중점을 둡니다. 리더가 구성원의 문제를 대신 해결해 주는 것이 아니라, 구성원이 스스로 해결책을 찾도록 돕는 방식이죠. OKR(Objectives and Key Results) 역시 또 다른 중요한 대화 도구입니다. OKR은 목표와 성과를 명확히 하여 구성원들이 자신이 해야 할 일을 이해하고 성과를 측정할 수 있게 도와주는 도구입니다. 반면, 멘토링은 경험이 많은 선배가 후배에게 조언과 지침을 제공하는 과정입니다.

이처럼 각 방식이 다르고, 상황에 맞춰 다른 방식이 적용될 수 있다는 점을 기억해야 합니다. 여러분이 어떤 상황에서는 원온원이, 또 어떤 상황에서는 코칭이, 혹은 OKR이나 멘토링이 더 효과적일 수 있다는 것을 아시면 소통의 상황에서 매우 유용할 것입니다. 중요한 것은 상황에 맞게 어떤 방법이 가장 적절한지 판단할 수 있는 능력을 키우는 것입니다.

상황에 맞는 대화 노하우

이제 구체적인 상황을 통해 적합한 대화의 도구를 찾는 것의 중요성을 한번 확인해보도록 할까요?

한 제조업체의 마케팅 부서에서 B 팀장이 있었습니다. 그는 팀의 성과를 높이기 위해 모든 팀원과의 소통에 OKR 방식을 도입했습니다. 분명한 목표를 세우는 것이 중요하다고 믿었기 때문이죠. 하지만 팀원 중 한 명인 C 씨는 신입사원으로, 조직 문화와 업무 수행 방식에 아직 익숙하지 않았습니다. OKR 방식이 너무 생소했고, 목표 설정이 불분명하다고 느껴 혼란스러워했죠. 하지만 팀장에게 이를 충분히 설명할 기회가 없었습니다. 결국 C 씨는 목표 달성에 대한 압박감을 느끼며 혼란스러워했고, 성과도 점점 떨어졌습니다. 팀장 B는 OKR 방식을 고수하며 C 씨가 적응할 것이라고 믿었지만, 그 결과 C 씨는 불통과 압박을 느끼며 성과의 하락까지 이어지게 된 것입니다.

이런 상황에서 B 팀장이 만약 OKR만을 고집하지 않고, C 씨와 개별적인 멘토링이나 코칭을 통해 더 깊은 대화를 시도했더라면 어땠을까요? 더 나은 결과를 기대할 수 있었을 겁니다. 이처럼 리더는 상황에 맞게 소통 방식을 유연하게 사용할 줄 알아야 합니다. 모든 상황에 하나의 방식만을 고집하면 그 상황에 맞는 더 적절한 방식을 놓칠 수 있습니다. 원온원, 코칭, OKR, 멘토링 등 다양한 소통 방식을 적용해보고, 상황에 맞게 사용할 수 있게 되는 것이 중요합니다.

리더로서 코칭도 배우고 멘토링도 해봤지만, 막상 실행에 옮기기 어려웠던 적이 있으실 겁니다. 왜 그럴까요? 문제는 여러 가지가 있을 수 있습니다. OKR을 도입했지만, 구성원들이 목표와 성과에 대해 혼란스러워하거나, 코칭 세션을 진행했는데도 성과가 나타나지 않을 수 있습니다. 이런 경우에는 소통 방식에 문제가 있는지, 아니면 적용 방법에 오류가 있는지 점검해 볼 필요가 있습니다.

대기업과 공공기관에서 오랜 기간 동안 리더를 대상으로 소통과 대화에 관한 교육과정을 진행하며 느낀 것들이 있습니다. 첫째는 리더의 대화 역량을 향상시키는 데에 익숙함이 가장 큰 방해꾼이라는 것입니다. 대부분의 리더가 익숙한 소통 방식에서 벗어나기 어려워하곤 했습니다. 예를 들어, 전통적인 톱다운 방식에 익숙한 경영진이 있었습니다. 그들은 의사결정을 일방적으로 전달했지만, 구성원들은 이미 수평적인 대화 방식을 선호하고 있었습니다. 경영진이 소통 방식을 바꾸지 않으니 현장에서 혼란이 발생했고, 결국 생산성이 떨어지며 경영진에 대한 불신으로 이어졌죠. 이러한 상황에서는 상향식 피드백과 유연한 소통이 더 나은 결과를 가져올 수 있었을 것입니다.

둘째, 소통은 리더만 잘해서는 안 됩니다. 구성원들도 소통의 중요성을 이해하고 적극적으로 참여해야 합니다. 요즘은 양질의 조언을 받고자 하는 문화가 트렌드로 자리 잡고 있습니다. 특히 MZ 세대는 지시보다는 양질의 조언을 통해 성장하려 합니다. 그렇다고 해서 무조건 MZ의 모두가 조언만을 원한다고 할 수는 없습니다. 여전히 지시를 선호하는 구성원들도 존재합니다. 이런 구성원들은 명확한 방향성을 리더와의 대화를 통해 얻고 싶어 합니다.

결국 소통은 리더와 구성원 모두가 함께 만들어가는 과정입니다. 리더로서 여러분의 대화 역량은 끊임없는 연습과 적응을 통해 길러질 수 있습니다. 중요한 것은 열린 마음으로 배우고 실천하는 자세를 유지하는 것입니다. 소통의 방식을 대하는 태도와 생각이 전보다 유연하게 바뀌셨다면 이제는 소통을 "잘" 한다는 것은 과연 무엇인지 조금 더 알아보도록 하겠습니다.

소통의 기술! 한번 적용해볼까요?

1. 신입사원 C 씨가 목표 설정 방식인 OKR에 대해 혼란스러워하고, 압박을 느끼고 있습니다. 이 상황에서 리더로서 C 씨에게 어떤 방식으로 접근하는 것이 좋을까요?

(Tip! 신입사원은 경험이 부족하기 때문에 멘토링을 통해 업무의 기본을 이해시키고, 코칭을 통해 자신감을 키우는 것이 효과적입니다. 개별적인 대화를 통해 C 씨의 불안감을 해소하세요.)

2. 팀원들이 수평적인 대화를 선호하지만, 경영진은 여전히 Topdown 방식에 익숙해 혼란이 발생하고 있습니다. 리더로서 이 상황을 해결하기 위해 어떻게 소통을 조정해야 할까요?

(Tip! 수평적인 대화를 선호하는 팀원들과 경영진의 간극을 줄이기 위해 상향식 피드백을 활용하세요. 구성원들의 의견을 경영진에게 투명하게 전달하고, 경영진이 변화할 수 있는 방향성을 제시하는 것이 중요합니다.)

3. 팀원이 명확한 지시를 원하면서도 자율적인 성장을 기대하고 있습니다. 이때 어떤 소통 방식이 적절할까요?

(Tip! 팀원에게는 먼저 명확한 지시를 제공하고, 이후 코칭을 통해 자율적으로 문제를 해결할 기회를 주세요. 이렇게 하면 팀원이 지시를 따르면서도 성장을 경험할 수 있습니다.)

3장.

리더 대화의 비밀,
어떻게 표현하느냐에 달렸다

3장.
리더 대화의 비밀, 어떻게 표현하느냐에 달렸다

소통의 첫걸음, 목표가 아닌 과정으로서의 신뢰 쌓기

여러분이 팀원들과 대화를 나눌 때, 그들이 얼마나 자주 고개를 끄덕이나요? 한 연구에 따르면, 리더의 말을 적극적으로 경청하고 그에 반응하는 팀원들은 리더에 대한 신뢰가 높고, 조직에 대한 만족도도 높다고 합니다. 반면에, 소통이 일방적이거나 명확하지 않으면 팀원들은 불안감을 느끼고, 리더십에 의구심을 가질 수 있죠.

리더십은 단순히 지시를 내리는 것이 아닙니다. 여러분도 잘 아시겠지만, 리더십의 핵심은 조직에 안정감을 불어넣고 운영하는 데 있습니다. 안정감, 이것이야말로 모든 구성원과 리더가 공통적으로 바라는 핵심 가치입니다. 최근 많은 구성원의 인터뷰를 통해 확인된 바로는, 구성원들이 가장 바라는 것이 안정감이었다고 하는데요. 그렇다면 이 안정감은 어떻게 만들어질까요? 바로 '신뢰'를 통해서입니다. 구성원과 리더 간의 신뢰가 바로 조직의 안정감을 나타내는 중요한 지표가 된다는 말입니다. 구성원들이 리더에게 느끼는 신뢰의 수준이 그들이 조직에서 느끼는 안정감의 수준을 결정짓는 거죠.

여기서 여러분과 이야기를 나누고 싶은 흥미로운 사실이 있습니다. 신뢰의 어원은 독일어 'Trost', 즉 '편안함'에서 유래했다고 합니다. 즉, 신뢰란 상대에게 편안함을 주는 것이라는 의미이죠. 이런 편안함은 상대방에 대한 확신 없이는 결코 생길 수 없습니다. '이 사람이 나에게 해를 끼치지 않을 것이다', '내가 무슨 말을 하더라도 불이익을 받지 않을 것이다'라는 확신이 있어야만 우리는 그 사람에게 편안함을 느낄 수 있습니다. 그래서 신뢰는 그 자체로 "확신을 즐긴다(Enjoy the Confidence)"라고 표현할 수 있어요. 여러분이 구성원에게 편안함을 주고, 그들이 여러분에게 확신을 갖는 과정을 즐기는 것이 바로 신뢰를 쌓는 것입니다.

그럼, 이 '확신'은 어떻게 생길까요? 경험을 통해 생깁니다. 오직 경험만이 확신을 드러냅니다. 구성원과 함께 하는 많은 경험이 쌓여야 합니다. 구성원마다 이 확신이 쌓이는 시간은 다릅니다. 누군가는 며칠 만에 확신을 가지기도 하지만, 누군가는 몇 년이 걸리기도 하죠. 그래서 중요한 것은 리더로서 이 시간을 존중해야 한다는 겁니다. '왜 이렇게 시간이 오래 걸리지?'라며 조바심을 내면 오히려 신뢰를 쌓는 데 실패할 수 있습니다. 신뢰는 얻어내는 목표가 아니라, 쌓아나가는 과정입니다. 여러분이 이제 막 리더가 되셨다면, 또는 리더가 된 지 꽤 시간이 흘렀는데도 여전히 구성원들과의 소통이 쉽지 않다면, 이제부터는 구성원들과의 신뢰 쌓기를 즐겨보시길 바랍니다. 매일 조금씩 신뢰를 쌓아 나가다 보면 어느 순간 여러분은 구성원들과 편안하게 소통하고 있는 자신을 발견하게 될 거예요.

모든 신뢰 쌓기는 만남으로부터 시작된다

　신뢰 쌓기는 언제 시작될까요? 바로 '만남'에서 시작됩니다. 리더 여러분, 구성원들과 반드시 주기적으로 면담을 하십시오. "나는 하고 있는데?" 하고 생각하시는 분들도 계실 텐데요, 더 자주, 더 깊게 하십시오. 그리고 올바르게 면담하세요. 신뢰를 쌓는 첫걸음은 바로 여기에 있습니다.

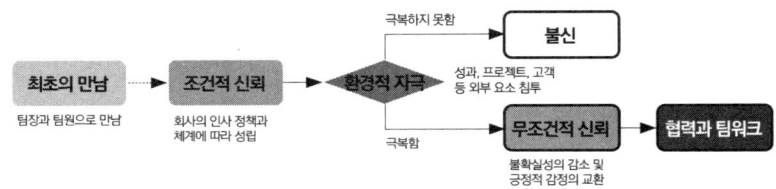

〈신뢰의 진화 매커니즘〉 (출처: Jones & George, 1998)

미국 Texas A&M University의 경영학 교수인 Gareth R. Jones와 Jennifer M. George가 1998년에 Academy of Management Review에 발표한 'The Experience and Evolution of Trust: Implications for cooperation and Teamwork'라는 연구에 의하면, 신뢰에는 두 가지가 있습니다. '조건적 신뢰'와 '무조건적 신뢰'. 우리는 조건적 신뢰를 쌓고, 그걸 통해 무조건적 신뢰에 도달하게 됩니다. 조건적 신뢰는 직급이나 직책에 따라 형성되며, 회사에서 제공되는 규칙과 체계를 통해 비교적 쉽게 얻을 수 있는 신뢰입니다. 하지만, 여러분이 조건적 신뢰만으로 충분하다고 생각한다면, 진정한 협업이나 팀워크는 기대하기 어렵습니다. 조건적 신뢰는 반드시 그 자체로 시험을 받게 되어 있기 때문이죠. 예상치 못한 상황이 발생했을 때 그 신뢰가 시험을 받게 됩니다. 조직 운영에 있어 변수는 항상 있을 수 있습니다. 예를 들어 변수가 생겨 갑자기 팀 전체의 성과가 떨어지는 상황에서 리더가 하는 의사결정과 소통은 팀원들과의 신뢰를 높이기도, 떨어뜨리기도 합니다. 리더에게 주어지는 자극적인 환경과 돌발요소들은 조건적 신뢰에서 무조건적 신뢰로 향하게 하는 중요한 계기가 되는 것이지요. 이 시험을 통과해 나가면 우리는 무조건적 신뢰로 한 단계 더 나아가게 됩니다.

그럼, 이제 우리는 이 조건적 신뢰를 어떻게 쌓고, 그것을 넘어 무조건적 신뢰로 나아갈 수 있을지 고민해 봐야겠죠? 그러기 위해 여러분과 함께 그 기초가 되는 '면담'에 대해 알아보려고 합니다. 면담이란 무엇일까요? 그리고 어떻게 면담을 잘할 수 있을까요?

뭐든지 표현하라: 경청과 공감, 인정

다음은 우리 주위에서 흔히 볼 수 있는 엄마와 딸의 대화입니다. 말의 내용뿐 아니라 괄호 안의 행동이나 표정 묘사에도 주의를 기울여 읽어보세요.

엄마: 너 방이 왜 이렇게 지저분해? 당장 치우라고 했잖아! 언제까지 이렇게 말 안 들을 거야? (짜증 섞인 목소리, 명령조)
딸: (한숨을 쉬며) 알았다고 했잖아, 좀 기다려봐… (눈을 굴리며 짜증스럽게 말함)
엄마: 기다리라는 말은 매번 듣는데, 네가 치우는 건 한 번도 못 봤어. 이러니까 정말 말이 안 통해! (더욱 화가 난 표정과 높아진 톤의 목소리로)
딸: (엄마의 말을 무시하며 스마트폰을 만지작거림) 하… 진짜 귀찮게 하네…
     (작게 중얼거림)

다 읽고 나니 어떤 생각이 드시나요? 말의 내용이 물론 제일 중요하지만 말하면서 드러내는 불만 섞인 표정과 일방적인 태도가 두 사람 사이의 갈등을 더욱 부추기고 있는 것을 확인할 수 있을 것입니다. 이처럼, 모든 신체적이고 언어적인 표현 안에 감정과 상황에 대한 인식이 포함되어 있다는 것을 알 수 있습니다. 그렇다면 그러한 감정과 인식이 아무리 작고 중요성이 상대적으로 작더라도 내가 어떻게 표현하느냐에 따라 대화의 질이 훨씬 좋아질 수 있지 않을까요?

1995년에 설립되어 세계에서 가장 오래되고 신뢰도도 높은 코칭 관련 기관인 국제코칭연맹(International Coaching Federation: ICF)에서 제시하는 8가지의 코칭 핵심역량 중 가장 비중이 높은 역량이 바로 "적극적으로 경청하기"입니다. 경청이란 상대방의 욕구를 이해하기 위해서 말하는 것뿐만 아니라 말하지 않는 것에도 완전히 몰입하여 듣고 상대방이 자신을 잘 표현하도록 돕는 능력이라고 정의할 수 있습니다. 즉 경청한다는 것은 코치의 관심사가 아니라 상대방의 관심사에 집중하며 그것을 말뿐 아니라 목소리 톤 등 몸의 언어들을 구별하여 표현하는 것이라고 할 수 있는데요. 이러한 코칭 역량은 곧 리더의 일상적 소통에 적용될 수 있습니다. 경청은 상대방의 욕구를 이해하기 위해 하는 행위임을 다시 한번 기억하세요.

경청의 기술: Eye Contact

경청의 기술 중에 가장 중요하고도 많이 알려진 것은 바로 독자 여러분도 잘 알고 계실 "Eye Contact(눈맞춤)"입니다. 다들 '눈맞춤'이라는 말은 많이 들어보셨을 거예요. 실제로 이 경청의 기술 중에서 눈맞춤은 가장 기본적이고도 중요한 역할을 합니다. 왜 그럴까요? 오늘 강의에서 그 이유를 깊이 탐구해 보도록 하겠습니다.

한 가지 실험을 예로 들어볼게요. 20-30대 여성들을 대상으로 한 관찰 실험이 있었습니다. 주제는 '20-30대 여성들의 삶'에 관한 인터뷰였는데, 사실 이 실험의 진짜 목적은 '눈맞춤'에 있었습니다. 인터뷰 중에 참여자들이 인터뷰어와 언제, 얼마나 눈을 맞추는지에 대한 관찰이 주된 목표였죠. 눈맞춤이 익숙하지 않은 사람과 처음 만나 대화하면서 이를 유지하는 건 쉽지 않은 일일 텐데요, 그럼에도 불구하고 많은 참여자들이 공통적으로 눈을 맞추는 순간이 있었습니다. 바로 그들이 '진심을 이야기할 때'였습니다. 자신이 하고 싶은 일, 꿈꾸는 미래, 자랑스러운 경험을 이야기할 때면 눈빛이 반짝였고, 자연스럽게 눈맞춤이 이루어졌습니다.

눈맞춤은 우리가 태어날 때부터 자연스럽게 시작하는 행동 중 하나입니다. 여러분, 아기와 성인이 눈을 마주치는 모습을 떠올려 보세요. 단순히 귀엽고 사랑스러운 순간이죠? 하지만 그 안에는 중요한 소통의 과정이 숨겨져 있습니다. 케임브리지 대학교의 연구에 따르면, 성인과 아기가 눈을 맞추고 대화를 나누는 동안 두 사람의 뇌파가 일치한다고 합니다. 이는 눈맞춤을 통해 서로 소통하고 싶다는 의사를 주고받으며, 뇌가 같은 방식으로 반응하게 되는 것입니다. 이처럼 눈맞춤은 소통의 시작점이자, 감정과 생각을 나누는 중요한 다리 역할을 합니다.

이 연구에서 밝혀진 공감을 일으키는 또 하나의 중요한 요소는 목소리였다고 합니다. 성인이 아기에게 자장가를 불러주거나 부드러운 목소리로 이야기할 때, 아기와 성인의 뇌파가 일치하는 경향이 있다고 하네요. 여기서 눈맞춤과 함께 부드러운 목소리로 대화하는 것이 얼마나 중요한지 알 수 있습니다. 눈맞춤은 말 그대로 '눈을 맞춘다'는 단순한 행위가 아니라, 감정과 생각을 나누기 위한 자연스러운 환경을 만들어주는 좋은 도구라는 것이죠.

아기들뿐 아니라 학생들이나 성인들 사이에서의 눈맞춤도 효과가 큰데요. 한 연구에 따르면, 학생들이 어떤 과제에 대해 함께 관심을 가질 때 그들의 뇌파가 동시에 발생하며, 이는 학습 효과를 높이는 데 도움이 된다고 합니다. 여러분도 아마 공감할 거예요. 누군가와 같은 관심사에 관해 이야기할 때, 눈을 맞추며 더욱 몰입하게 되고 대화가 잘 이루어지곤 하죠. 이렇듯 눈맞춤은 대화를 깊이 있게 만들어주고, 서로의 이해도를 높이는 데 중요한 역할을 합니다.

눈맞춤의 효과는 여기서 끝나지 않습니다. 연인이나 부부를 대상으로 한 실험에서는 약 4분간 마주보고 눈맞춤만을 하도록 했는데요, 주어진 시간 동안 주제 없이도 서로 다양한 감정과 솔직한 이야기들을 쏟아냈다고 합니다. 단지 눈을 바라보는 것만으로도 서로의 감정이 자연스럽게 표현되는 것을 볼 수 있었습니다. 이것이 바로 눈맞춤의 힘입니다. 물론 눈맞춤만으로 모든 소통이 이루어지지는 않습니다. 하지만 눈맞춤은 소통의 윤활유 역할을 합니다. 여러분이 눈맞춤을 통해 경청의 기본 기술에 익숙해지면, 더 나아가 Mimicking(모방), Silence(침묵) 등의 심화된 경청 기술을 배워갈 수 있을 것입니다.

경청은 단순히 상대방의 말을 듣는 것을 넘어 그 말을 이해하고 공감하는 과정입니다. 여러분, 경청의 의미를 한자에서 찾아보면 '경(傾)'은 '기울이다'라는 뜻이고, '청(聽)'은 '귀와 마음으로 듣는다'는 의미가 있습니다. 단순히 귀로 듣는 것이 아니라, 마음과 온몸을 기울여 상대방의 말을 이해하고 공감하는 것이 바로 경청입니다.

　리더로서 우리는 경청을 통해 구성원들의 생각과 감정을 이해하고, 그들의 의견을 존중할 수 있는 준비를 시작하게 됩니다. 지금 여러분은 소통의 첫걸음인 눈맞춤을 통해 어떻게 하면 더 나은 경청을 할 수 있을지 배우셨습니다. 이제 소통을 잘하기 위한 출발점에 서신 것입니다. 다음 단계에서는 경청을 넘어, 상대방과의 관계를 더욱 깊이 있게 해줄 '공감'이라는 기술에 관해 이야기해 보겠습니다.

타고나는 것이 아니라 배워서 얻을 수 있는 능력, 공감

　여러분 중에는 팀원들에게 "그때쯤이면 슬럼프가 올 때야"라거나 "여긴 학교가 아니라 회사야"라는 말을 해본 적이 있으실 겁니다. 이런 말들은 주로 구성원들이 어려운 상황에 처했거나 업무와 관련된 고민을 나누는 순간에 하게 되죠.

　하지만 여러분, 우리는 공감을 잘 표현하고 있는 걸까요? 현실적으로는 어떨까요? 제가 만난 많은 리더님들은 리더로서의 권위를 지키기 위해, 혹은 업무 추진을 위한 구성원과의 적절한 거리를 두는 것이 좋다고 여기는 경우가 많았습니다. 무엇보다 일하다 보니 자연스럽게 쌓인 구성원들에 대한 편견과 판단으로 인해 공감을 표현하는 것이 어렵다고들 하셨습니다. 막상 공감을 해줬지만 업무향상에 직접적으로 연계가 되지 않아 공감은 불필요한 소통방식이라는 생각도 갖고 계셨습니다. 이는 공감에 대한 부정적 견해가 학습이 되어 굳어져 버리는 경우라 할 수 있습니다. 부정적인 학습을 반복하면서 점점 공감을 표현하지 않는 것이 나은 선택이라 여기며 공감으로부터 회피하는 것에 익숙해지게 되죠. 느낄 수 있어도 표현하지 않고, 때로는 아예 느끼지 못하도록 무감각해지기도 합니다. 공감이라는 것은 업무 효율성과 상반된다고 생각하게 되기 때문입니다. 결국 공감하는 데 들이는 시간이 곧 업무 시간이 줄어드는 것이라고 생각하게 되죠. 그래서 우리는 직장생활을 하면서 점점 '공감 불능 학습'에 익숙해지게 되는 것입니다.

그렇다면 여러분, 우리는 앞으로도 계속 공감을 표현하지 못하게 될까요? 아닙니다. 여기서 중요한 것은 '공감 불능도 학습된다'는 것입니다. 그렇다면 반대로 공감도 학습될 수 있겠죠? 우리가 학습을 통해 공감을 표현하고 강화할 수 있는 방법들을 배워야 하는 이유입니다.

덴마크를 예로 들어볼게요. 덴마크는 사회보장제도가 잘 갖춰진 북유럽의 선진국입니다. 2016년에는 UN의 세계행복보고서에서 행복지수 1위를 기록한 국가였죠. 왜 덴마크가 그토록 높은 행복지수를 기록할 수 있었을까요? 여러 가지 이유가 있겠지만, 그중에서도 덴마크 국민들의 높은 공감 능력이 행복지수 상승에 큰 역할을 했다는 연구 결과가 있습니다. 미국의 저널리스트 록산느 셰프레비는 덴마크 국민들이 높은 수준의 공감 능력을 통해 사회적 관계를 향상시키고, 그로 인해 행복지수가 상승했다고 설명했습니다.

그렇다면 덴마크는 어떻게 이런 공감 능력을 키운 걸까요? 덴마크에서는 6세부터 16세까지의 청소년들을 대상으로 공감 능력 키우기 수업을 정규 교육과정에 포함시켜 매주 한 번씩 실시하고 있습니다. 공감은 타고난 성향이 아니라, 배워서 키워나갈 수 있는 역량이라고 본 것입니다. 그리고 이런 공감 교육을 통해 덴마크 국민 전체의 공감 능력을 높였던 것이죠.

여러분, 공감은 타고난 능력이 아닙니다. 공감은 우리가 배워서 키울 수 있는 역량입니다. 학습과 연습을 통해 공감 능력을 강화하면, 더 많은 사람들과 깊이 있는 관계를 형성할 수 있습니다. 이는 우리 모두의 행복에 긍정적인 영향을 미칠 것입니다. 그런데 문제는 우리가 이 공감이라는 능력을 제대로 배운 적이 없다는 데 있습니다.

"나도 그래." 이것은 공감이 아니다

말 그대로입니다. "나도 그래."는 공감이 아닙니다. 왜 그럴까요? 공감이란 단순히 상대방의 말을 듣고 비슷한 경험을 공유하는 것이 아닙니다. 공감은 "상대방의 입장에서, 그들의 감정을 느끼고, 그 감정을 알아차리고 표현하는 것"입니다. "나도 그래"라는 말에는 상대방의 감정을 느낀 후 그것을 표현한 내용이 없습니다. 단순히 나도 같은 상황에 있었다는 공유만 있을 뿐, 그들의 감정을 진정으로 이해하고 그에 반응한 것은 아니죠.

공감의 가장 중요한 핵심은 바로 상대방의 감정을 알아차리는 것입니다. 상대방의 감정을 알아차리기 위해서는 우리가 상대방이 사용하는 단어(Word), 목소리(Voice)의 톤(Tone), 그리고 몸짓(Body Language)에 주목해야 합니다. 여기서 중요한 점은 단지 어떤 단어나 몸짓이 어떤 감정을 가리키는지를 아는 것이 아니라, 그것을 실제로 표현하는 것입니다.

예를 들어볼게요. 상대방의 어깨가 축 처져 있는 모습을 보면서 우리가 느끼는 것은 "아, 저 사람은 무기력하거나 좌절감을 느끼고 있구나"일 수 있습니다. 하지만 문제는 그것을 알면서도 표현하지 않는 데 있습니다. 공감은 학습을 통해 배워야 하는 것인데, 이 학습이란 바로 공감을 '표현하는 것'을 배운다는 의미입니다.

따라서 여러분은 공감을 표현하는 연습을 해보셔야 합니다. 상대방이 어떤 말을 하고 있을 때, 그 말 속에서 사용된 단어, 목소리의 톤, 몸짓 등 모든 신호에 집중해보세요. 그리고 그 신호를 통해 상대방이 어떤 감정을 느끼고 있을지 상상해보는 것입니다. 그 후에는 그 감정을 직접 표현해보세요. 예를 들어, 상대방이 "요즘 너무 힘들어요"라고 말했을 때, 단순히 "나도 그래"가 아니라, "네가 정말 많이 힘들어하는 것 같구나. 그 상황이 정말 쉽지 않겠어"라고 말하는 것이 공감입니다.

이처럼 공감은 단순한 반응을 넘어, 상대방의 감정을 진심으로 느끼고 그에 대해 반응하는 것입니다. 우리 모두가 공감을 제대로 **표현할 수 있는 리더**가 된다면, 팀원들과의 관계는 더욱 깊어질 것이고, 신뢰는 자연스럽게 쌓이게 될 것입니다. 이 챕터의 후반부에서 여러분과 함께 공감을 어떻게 더 잘 표현할 수 있는지에 대해 심도 깊게 다룰 예정이니 기대해주세요.

팀원들의 마음을 얻고 싶다면? "인정"하세요.

이번에는 '인정하기'라는 중요한 주제에 관해 이야기해 보겠습니다. 우리가 흔히 하는 칭찬과는 조금 다른 차원의 인정에 대해 배워볼 텐데요, 이 인정이라는 것이 왜 중요한지, 그리고 어떻게 표현할 수 있는지를 함께 알아보겠습니다.

먼저, 인정하기란 무엇일까요? 바로 대화 속에서 상대방의 강점과 노력을 발견하고 그것을 명확하게 표현하는 것을 의미합니다. 이건 단순히 "잘했어"라고 말하는 것 이상의 의미가 있습니다. 상대방에게 진정한 관심을 기울이고, 그들의 가치를 있는 그대로 인정하는 것이죠. 이 과정을 통해서 구성원들은 큰 힘을 얻고, 마음을 열 수 있게 됩니다. 또, 방어적인 태도를 줄이고 더 개방적인 대화를 촉진하는 데 중요한 역할을 하게 되죠.

제가 리더들이 아니라 구성원들을 대상으로 강의를 진행할 때는 항상 "리더에게 가장 원하는 것이 무엇인가요?"라고 묻곤 합니다. 대답은 대부분 동일합니다. 바로 '인정'입니다. 그만큼 인정이 리더와 구성원 간의 관계에서 얼마나 중요한 역할을 하는지를 잘 보여주는 대목이죠. 이 '인정'이라는 것은 단순히 성과에 대한 보상이 아니라, 그 사람 자체에 대한 관심과 존중을 담고 있습니다.

그렇다면 어떻게 인정할 수 있을까요? 상대에게 진정한 관심을 갖는 것이 우선입니다. 그리고 적극적으로 표현해야지요. 예를 들어, '내가 보니까 너에게 이런 좋은 점이 있더라고, 그런 보석 같은 역량을 갖추고 있구나 하는 생각이 들었어'라는 구체적인 표현이 있습니다. 이것은 단순한 평가가 아니라, 상대방에 대한 진심 어린 관심을 담고 있는 방식입니다. 이러한 관심을 통해 구성원은 안정감을 느끼고, 자신이 존중받고 있다는 느낌을 가지게 되어 더욱 적극적으로 소통하고 협력하게 됩니다.

인정을 잘하기 위해서는, 상대방의 '강점'과 '노력'을 발견하고 이를 명확하게 표현하는 것이 중요합니다. 상대방의 '강점'이란 그들이 잘하는 부분이나 특별한 점을 말하고, '노력'은 그들이 무엇을 위해 애쓰고 있는지를 알아차리고 그 부분을 칭찬하는 것이죠. 예를 들어, "이 부분이 정말 장점이네요" 혹은 "그럼에도 불구하고 열심히 노력하신 점이 정말 인상적입니다"라는 식으로요. 이렇게 강점과 노력을 구체적으로 인정하면, 상대방의 가치를 높이는 데 큰 도움이 됩니다.

지금부터 실제 사례를 통해 좀 더 구체적으로 알아볼게요. 어느 회사에서 매월 세 번째 주에 사무실 보안 점검을 시행하고 있었습니다. 보안 점검이 있던 주의 어느 날, 팀장은 퇴근 후에 팀원의 서랍 잠금이 제대로 되어 있지 않은 것을 발견했습니다. 이때 여러분이라면 어떻게 하시겠어요? 아마도 바로 그 상황에 대해 지적부터 하셨을 수도 있겠죠. 하지만 이 팀장은 그렇게 하지 않았습니다.

다음 날 팀장은 해당 팀원을 불러서 그가 평소에 정보 보안을 위해 얼마나 노력해 왔는지를 먼저 언급했습니다. 팀장은 이렇게 말했어요. "네가 매일 PC 점검을 철저히 하고, 신입 팀원의 것도 함께 챙겨 주는 걸 알고 있어. 내가 별도로 지시한 것이 아님에도 스스로 진행한 것이 잖아. 팀원들에게 배려심도 있고 팀을 위해 정말 노력하고 있구나 하는 생각이 들더라." 팀원에게 이렇게 노력을 진심으로 인정해 주고 나서야 전날 서랍 잠금 문제에 대해 물어보았습니다. 결과적으로 팀원은 마음을 열고 정직하고 편안하게 대답할 수 있었죠. 팀원은 자신이 존중받고 있다는 느낌을 받고, 팀장과의 대화에서도 더 솔직해질 수 있었습니다.

지금까지 여러분은 '무엇을 표현할 것인가'에 대해 배우셨습니다. 강점과 노력을 인정하는 것이 중요하다는 것을 알게 되셨죠. 이제는 우리가 배운 것들을 '어떻게 표현할 것인가'에 대해 함께 살펴보도록 하겠습니다.

어떻게 들으면 상대방이 표현할까? 경청의 기술

경청을 잘하기 위해 필요한 세 가지 기본적인 기술이 있습니다. 바로 눈맞춤(Eye Contact), 미미킹(Mimicking), 그리고 침묵(Silence)인데요. 이 세 가지 기술은 여러분이 진정으로 상대방의 이야기를 듣고 있다는 메시지를 전달하는 데 큰 도움이 됩니다.

첫 번째 설명해 드릴 기술은 눈맞춤입니다. 눈맞춤은 대화의 시작, 중간, 그리고 마무리까지 전 과정에서 매우 중요한 역할을 합니다. 상대방의 눈을 바라보는 것은 단순한 행동이 아니라 '나는 당신의 이야기에 관심이 있다'라는 메시지를 전달하는 강력한 신호입니다. 눈을 맞추면 상대방은 자신이 존중받고 있다고 느끼게 되고, 더 많은 이야기를 나누고자 하는 마음을 가지게 됩니다. 중요한 것은 눈맞춤을 지나치게 강요하지 않는 것입니다. 자연스럽게 유지하는 것이 핵심입니다. 지나치게 응시하거나 불편한 시선을 주는 것은 오히려 대화를 어렵게 만들 수 있으니까요.

두 번째로 소개할 기술은 미미킹입니다. 미미킹이란 상대방의 말이나 행동을 따라 하는 것을 의미합니다. 이 기술은 상대방이 자신을 더 쉽게 표현할 수 있도록 돕습니다. 여러분이 대화를 시작할 때 상대방이 긴장하고 있다면, 그들의 행동이나 반응을 가볍게 따라 해보세요. 예를 들어, 상대방이 고개를 끄덕이면 같이 끄덕여 보거나, 그들이 사용하는 어조에 비슷하게 반응하는 것이 좋은 예가 될 수 있습니다. 이런 미미킹은 상대방에게 '당신의 감정을 이해하고 있다'는 느낌을 줄 수 있습니다. 다만, 대화가 깊어질수록 미미킹의 빈도는 줄여야 합니다. 깊은 이야기를 나눌 때는 상대방의 말에 주의 깊게 반응하되, 핵심적인 부분에서만 간단한 반응을 보이는 것이 효과적입니다. 미미킹을 잘 사용하기 위해서는 자연스럽게 눈맞춤과 조화를 이루는 것이 중요합니다.

마지막으로 침묵의 기술에 대해 이야기해 보겠습니다. 여러분은 침묵이 경청의 기술 중 하나라는 사실이 조금 낯설게 들릴 수 있습니다. 하지만 침묵은 매우 강력한 경청의 도구입니다. 침묵을 잘 활용하는 방법에는 두 가지가 있습니다. 첫째, 상대방의 말을 끊지 않는 것입니다. 상대방이 자신의 생각을 충분히 표현할 수 있도록 기다리는 것이 중요합니다. 때로는 우리가 상대방의 말을 끊고 싶을 때가 있습니다. 그러나 그 순간을 참아내고 기다리는 것이 진정한 경청의 시작입니다. 둘째, 상대방의 말이 끝난 후에 잠시 침묵을 유지하는 것입니다. 보통 3~5초 정도 침묵을 유지하면 상대방이 추가로 하고 싶은 이야기가 있을 때, 그 기회를 줄 수 있습니다. 이 침묵의 순간은 상대방이 자신을 더 표현하고, 깊이 있는 이야기를 할 수 있는 시간입니다. 또한, 경청 과정에서 상대방이 '음…', '어…' 같은 말을 하거나 잠시 멈추는 순간이 있을 때, 아직 할 말이 남아 있다는 신호일 수 있다는 것을 기억하세요. 이 신호를 잘 파악하고 기다려주면 상대방은 자신이 충분히 이야기할 시간을 보장받고 있다고 느끼게 됩니다.

이렇게 눈맞춤, 미미킹, 그리고 침묵이라는 세 가지의 강력한 경청의 기술들을 배워봤는데요. 다음 챕터에서는 이 경청 기술들을 어떻게 공감으로 연결하고, 상대방의 감정을 더 잘 이해하고 표현할 수 있을지에 대해 이야기해 보도록 하겠습니다.

느끼고, 표현하고, 질문하라! 공감의 기술

공감은 상대방의 감정을 이해하고, 그들의 이야기에 적절히 반응함으로써 그들이 존중받고 있다는 느낌을 줄 수 있는 중요한 소통의 기술입니다. 공감을 제대로 표현하는 것은 대화를 풍부하게 하고, 깊은 신뢰를 형성하는 데 중요한 역할을 합니다. 그럼, 공감하기를 단계별로 하나씩 살펴보도록 하겠습니다.

첫 번째 단계는 상대방의 감정을 느끼는 것입니다. 여러분, 상대방이 어떤 감정을 느끼고 있는지 파악하기 위해서는 그들의 말뿐만 아니라 목소리, 몸짓, 그리고 표정과 같은 다양한 단서들을 관찰해야 합니다. 예를 들어, 상대방의 목소리가 떨리거나 눈에 눈물이 맺혀 있다면 큰 감정적인 부담을 느끼고 있을 가능성이 높습니다. 중요한 것은, 여러분이 그것을 느끼고자 하는 마음가짐을 가지고 있어야 한다는 것입니다. 이런 마음가짐이 없다면 아무리 명확한 시그널도 놓치기 쉽습니다. 그러니 감정을 느끼는 첫 단계에서 여러분의 다음을 열어 상대방에게 다가가 보세요.

두 번째 단계는 상대방의 감정을 수용하고 이를 표현하는 것입니다. 상대방이 어떤 감정을 느끼고 있을 때, 그 감정을 반영해서 표현하는 것이 중요합니다. 예를 들어, 상대방이 어려운 상황을 이야기할 때, 여러분은 "그 상황이 정말 어려웠겠네요, 저도 그런 상황에서 참 힘들 것 같아요"라고 말하며 그들의 감정을 인정할 수 있습니다. 또는 "어떠세요?"라고 물어보며 그들의 상태를 확인하는 것도 좋습니다. 이렇게 감정을 인정하고 표현해 줌으로써 상대방은 자신이 이해받고 있다고 느끼게 됩니다. 이것이 공감의 핵심입니다. 상대방이 자기감정을 말할 때, 그 감정을 잘 받아들이고 그것에 대해 진심으로 표현하는 것을 잊지 마세요.

세 번째 단계는 상대방이 더 많은 이야기를 할 수 있도록 짧고 간단한 질문을 던지는 것입니다. 예를 들어, 상대방이 이야기를 마칠 듯한 분위기일 때, "마음이 어떠세요?" 또는 "어떤 생각이 드세요?"라고 질문을 던져보세요. 이러한 질문들은 상대방이 자신이 느끼는 감정을 더 깊이 있게 표현할 기회를 제공합니다. 여러분의 질문은 상대방이 더욱 열리도록 돕는 열쇠가 됩니다. 이처럼 적절한 질문을 통해 공감의 깊이를 더하고 상대방에게 말할 수 있는 공간을 마련해 주세요.

 공감의 과정에서 침묵도 매우 중요한 역할을 합니다. 때로는 말하지 않고 침묵을 유지하는 것이 상대방에게 많은 것을 표현할 기회를 주기도 합니다. 상대방이 길게 이야기할 때는 여러분이 그저 조용히 듣고 있다는 것만으로도 그들에게 큰 지지를 줄 수 있습니다. 그리고 상대방이 말을 끝낸 후에도 잠시 침묵을 유지해 보세요. 이 짧은 침묵의 순간은 상대방이 추가로 더 말할 기회를 제공합니다. 또한, 상대방이 '음…', '어…'와 같은 표현을 사용할 때, 이는 아직 더 할 말이 있다는 신호일 수 있습니다. 이런 신호를 잘 파악하고 기다려 준다면, 상대방은 자신이 충분히 이야기할 수 있는 시간을 보장받고 있다고 느끼게 됩니다.

 다음의 사례를 통해 공감하기가 실제 대화에서 어떻게 적용되는지 알아보도록 하겠습니다. B2B 제품을 판매하는 회사 내에 고객사와 제품의 사양 등을 협의해서 시제품을 전달하여 이후 영업 기회를 만드는 기술영업팀이 있었습니다. 어느 날 기술영업팀장에게 팀원 한 명이 메신저를 통해 "신입 팀원 A가 본인 자리에서 울고 있는 것 같다"고 알려주었습니다. 직접 확인해 보니, 팀원 A는 고객사로부터 강도 높은 클레임을 받은 직후라 마음이 진정되지 않는 상황이었다고 합니다. 시제품을 사용한 고객사가 처음과 다른 요구사항을 추가하며 강하게 불만을 제기했고, 팀원 A는 자신이 최선을 다했음에도 불구하고 이런 상황에 처하게 되어 크게 좌절하고 있었던 것입니다. 이러한 상황을 그대로 둔다면, 다른 팀원들에게도 영향을 미칠 수 있어 팀장은 팀원 A와 면담을 진행하기로 했습니다.

팀원 A는 자리에 앉아서 흐르던 눈물을 겨우 닦아냈지만, 그의 목소리와 어깨가 여전히 떨리고 있음을 통해 큰 스트레스와 좌절감을 느끼고 있음을 파악했습니다. **(1단계: 상대방의 감정을 느끼기)**

팀장은 팀원 A에게 "이번 상황이 정말 힘들겠다. 고객사의 요구사항을 최선을 다해 맞췄는데도 추가적인 클레임이 계속해서 들어오다니, 고객 대응 경험이 정말 많은 나도 이렇게 10차례가 넘도록 반복되는 클레임을 받았다면 정말 힘들었을 것 같아."라고 말하며 그의 감정을 인정하고 이해를 표현했습니다. 이를 통해 팀원 A가 자신의 감정을 안전하게 표현할 수 있도록 돕고자 했습니다. **(2단계: 감정을 표현하기)**

팀장은 이어서 "지금 마음이 어떠니? 이번 상황에서 가장 힘들게 느껴진 부분은 뭐였어?"와 같은 질문을 던져 팀원 A가 자신의 감정을 더 이야기하도록 했습니다. 이러한 질문을 통해 팀원 A는 자신이 느끼는 좌절감과 불안을 좀 더 깊이 있게 표현할 수 있었습니다. **(3단계: 짧은 이야기로 질문하기)**

이 면담을 통해 팀원 A는 자신의 감정을 충분히 표현할 수 있었고, 팀장이 그의 상황을 이해하고 있다는 느낌을 받았다고 합니다. 이는 팀원 A가 혼자가 아니라는 인식을 갖게 했고, 팀 내 신뢰와 유대감을 강화하는 데 중요한 역할을 할 수 있었던 것이죠. 이러한 공감 표현은 상대방이 자신의 감정을 안전하게 표현할 수 있는 환경을 조성해 주고, 자신이 존중받고 있다고 느끼게 합니다. 이 안정감은 결국 개인 간의 신뢰를 형성하고, 깊이 있는 대화를 통해 서로를 더 잘 이해할 수 있게 만듭니다.

감탄하라, 그리고 다시 한번 감탄하라! 인정의 기술

공감하기에 이어 이번에는 '인정'에 대해서 이야기해 보려고 합니다. 사람을 동기부여하고 더 좋은 성과를 내게 하는 가장 쉬우면서도 강력한 방법이 바로 인정인데요. 그럼, 인정의 기술과 효과와 관련된 재미있는 에피소드부터 시작해 보겠습니다.

문화심리학자인 김정운 교수님을 들어보신 적이 있나요? 이분은 국내 최초로 '휴테크'라는 개념을 제안하면서 "잘 놀아야 성공한다"는 철학을 전파하신 분이죠. 〈나는 아내와의 결혼을 후회한다〉, 〈남자의 물건〉이라는 책도 쓰셨고, 중년 남성들의 심리를 다룬 저서로 유명해진 분입니다. 김정운 교수님이 독일에서 한국으로 처음 돌아왔을 때, KBS에서 생방송 특강을 하게 되셨는데요. 당시 긴장감이 엄청났다고 합니다.

그런데 그날 제작진이 교수님께 걱정하지 말라면서 '비싼 아줌마'들을 관객으로 초대했다고 하더랍니다. 왜 '비싼' 아줌마냐고요? 그분들은 감탄을 아주 잘하기로 소문난 분들이었대요. 강연 시작 전에 PD가 그분들한테 "자, 연습 한번 해볼까요? 하나, 둘, 셋! 이야~" 이렇게 연습을 철저하게 시켰다고 합니다. 그래서 교수님이 강의를 시작했는데, 그 아줌마들은 교수님을 보지 않고 계속 뒤에 있는 PD만 보고 있더래요. 그런데도 타이밍에 맞춰 "우와~ 대단해요!", "이야~" 하며 감탄을 쉴 새 없이 하시는 겁니다.

처음에는 김정운 교수님도 '이 사람들이 돈 받고 하는 거 다 아는데…'라고 생각하셨대요. 그런데 신기한 건, 그 감탄이 계속 쌓이니까 교수님도 모르게 자신감이 넘치면서 강의가 더 잘 풀리기 시작했답니다. 결국 그 아줌마들이 더 이상 PD를 안 보고, 교수님을 진짜로 바라보며 감탄하기 시작했어요. 강의가 재미있어지니까 더 감탄하고, 그 감탄이 강의를 더 재미있게 만들고… 선순환이 만들어진 거죠.

이 이야기를 통해 우리가 배울 수 있는 것은 '감탄'의 힘입니다. 감탄은 상대방의 가치를 인정하는 가장 쉬운 방법이에요. 누군가에게 "정말 잘했어요!", "와, 이 부분 정말 멋져요!"라고 감탄을 표현해보세요. 상대방은 자신의 노력이 인정받는다는 걸 느끼고, 더 큰 동기부여를 받게 됩니다. 그리고 그 동기부여는 다시 더 좋은 결과로 이어지죠. 이것이 바로 선순환의 시작입니다.

그럼, 감탄의 대상이 무엇이 되어야 할까요? 바로 상대방의 '강점'과 '노력'입니다. 상대방의 강점을 발견하고, 노력을 인정하는 것이 중요합니다. 이 두 가지를 균형 있게 잘 인정하는 것이 핵심이에요.

먼저, 강점을 발견하는 것은 상대방의 성과와 잘한 점에 주목하고 이를 솔직하게 표현하는 것입니다. 중요한 것은, 나의 감정이나 의견을 언급하는 것이 아니라 오직 상대방의 성과에만 집중해서 이야기하는 거예요. 예를 들어, IT운영팀의 팀원이 예상치 못한 오류 발생 상황을 신속하게 해결했다고 가정해 봅시다. 팀장이 그 팀원에게 "정말 잘했어! 우리가 미처 준비하지 못했던 상황이었는데도 빠르게 대응해서 해결해주다니 대단한데!"라고 칭찬한다면, 팀원은 자신이 인정받았다는 느낌을 강하게 받을 것입니다. 상대방이 자랑스러워할 수 있도록 그들의 성과에 초점을 맞춰 감탄을 표현하는 것이 핵심입니다.

반면, 노력을 인정할 때는 '아이 메시지(I-message)'를 사용하는 것이 좋습니다. '아이 메시지'란 나를 주어로 하여 상대방의 노력에 대해 진심 어린 감정을 표현하는 방식입니다. 이는 특히 상대방이 어려운 상황에서도 최선을 다했을 때, 그들의 노력을 인정하는 데 효과적입니다.

팀원이 무언가 잘못했거나 힘든 상황을 겪고 있는 모습을 보게 되었다고 가정해봅시다. "네가 노력한 부분을 나도 알고 있어. 그 부분에 대해 나도 정말 속상하고 기분이 좋지 않아." 혹은 "그런 어려운 상황에서도 최선을 다하는 걸 봤어. 나도 놀랐고 정말 감동받았어."라고 표현한다면, 상대방은 자신의 노력이 인정받고 있다고 느낄 것입니다. 이는 단순히 결과를 평가하는 것이 아니라, 그 과정에서의 노력을 알아주고 인정하는 것이기 때문에 큰 위로와 격려가 됩니다.

여러분, 구성원들의 성과와 노력을 균형 있게 인정하는 것이 중요합니다. 성과를 칭찬하는 것도 중요하지만, 그 뒤에 숨겨진 노력을 알아주는 것이야말로 진정한 인정의 표현입니다. 함께 프로젝트를 수행한 팀원에게 "이번 프로젝트를 정말 잘 마무리했어! 그리고 그 과정에서 너의 끈질긴 노력과 집중력을 내가 지켜봤는데, 최고라는 말이 부족할 정도야."라고 말한다면, 상대방은 자신의 성과와 노력을 모두 인정받는 기쁨을 느낄 수 있을 것입니다.

신뢰는 즐겁게 쌓아가는 것이다

이 챕터의 도입이 어떤 이야기로 시작되었었는지 기억하시나요? 바로 소통을 통해 '조건적 신뢰'에서 '무조건적인 신뢰'로 나아갈 수 있다는 것이었습니다. 신뢰라는 것은 절대 하루아침에 쌓아질 수 없습니다. 지속적인 상호작용과 진심 어린 소통을 통해 천천히 형성되는 것이죠. 하지만 현실에서는 대화가 단절된 팀, 면담이 이루어지지 않는 조직도 많이 볼 수 있습니다. 이런 단절된 환경에서 신뢰가 제대로 형성되기란 매우 어렵습니다. 그럼, 우리에게는 어떤 것이 필요할까요? 어떻게 해야 신뢰를 더 즐겁고 효과적으로 쌓아갈 수 있을까요?

여러분이 첫 번째로 시작해야 할 것은 바로 면담입니다. 면담은 서로 얼굴을 마주 보고 대화를 나눌 기회를 갖는 것입니다. 면담 없이 상대방에 대해 어떻게 알 수 있을까요? 알지 못하는 사람과 신뢰를 쌓기란 어렵습니다. 더군다나 면담의 기회를 만들지 않는다면, 우리 자신도 더 나아지고 성장할 기회를 놓치게 됩니다. 그래서 중요한 것은 팀원들과 정기적으로 면담을 하는 것입니다.

두 번째로 필요한 것은 경청입니다. 경청은 단순히 상대방의 말을 듣는 것을 의미하지 않습니다. 경청의 진정한 의미는 상대방의 이야기를 방해하지 않고, 충분히 말할 수 있도록 기다려주는 것입니다. 상대방이 자신의 생각을 표현할 수 있는 시간을 주는 것이 바로 경청의 핵심입니다. 이때 중요한 것은 침묵입니다. 말하는 도중에 끼어들지 않고, 침묵을 유지하며 상대방의 이야기를 끝까지 듣는 것은 큰 배려의 표시입니다. 이로 인해 상대방은 자신이 존중받고 있다고 느끼게 되고, 이로 인해 더욱 깊은 신뢰가 형성됩니다.

세 번째로 공감하고 인정하기가 필요합니다. 공감은 상대방이 겪고 있는 상황에 대해 함께 마음을 나누는 것입니다. 상대방의 감정을 이해하고, 그들이 어떤 감정을 느끼고 있는지 알아차리는 것이 공감입니다. 반면, 인정은 그들의 성과와 노력을 구체화하여 드러내는 것입니다. 이 두 가지가 결합하면 상대방에게 큰 힘이 될 수 있습니다. 공감을 통해 상대방이 혼자가 아니라는 느낌을 줄 수 있고, 인정을 통해 그들의 자존감을 높일 수 있습니다.

결국, 신뢰를 쌓는 과정은 딱딱하고 어렵기만 한 것이 아닙니다. 우리는 이 과정을 상호작용을 통해 즐겁게 만들어 갈 수 있습니다. 서로가 노력하고 있음을 인정하고, 감탄을 아끼지 않는다면 신뢰는 자연스럽게 쌓여갑니다. 경청을 통해 상대방의 목소리에 귀 기울이고, 공감을 통해 그들의 느낌과 마음을 함께 나누며, 인정을 통해 그들의 노력을 진심으로 바라보고 칭찬하는 것입니다. 이렇게 이 세 가지 기술이 조화를 이룰 때, 우리는 진정한 신뢰를 쌓아나갈 수 있게 될 것입니다.

구체적인 소통의 기술들을 배우신 여러분들에게 다음 장부터는 실제 사례와 그 사례가 과외를 통해 어떻게 개선되었는지 생생하게 보여드리도록 하겠습니다.

소통의 기술! 한번 적용해볼까요?

1. 팀원과의 면담에서 상대방이 불편함을 느끼지 않고 자신의 감정을 표현할 수 있도록 하려면 리더로서 어떤 접근이 필요할까요?

(Tip! 정기적인 면담을 통해 신뢰를 쌓고, 경청과 눈맞춤을 통해 상대방의 말을 방해하지 않고 충분히 듣는 것이 중요합니다.)

2. 팀원이 어려운 상황에서 최선을 다했지만, 결과가 좋지 않았습니다. 이때 리더로서 어떤 방식으로 소통하면 팀원의 자존감을 높일 수 있을까요?

(Tip! '아이 메시지'를 사용하여 팀원의 노력을 진심으로 인정하고 그들의 감정을 이해한다는 것을 표현하세요.)

3. 팀원들이 리더에게 신뢰를 느낄 수 있도록 하기 위해 리더가 가장 중요하게 해야 할 것은 무엇일까요?

(Tip! 신뢰는 목표가 아닌 과정으로서 쌓아가는 것이며, 이를 위해서는 지속적인 경청과 진정성 있는 소통이 필요합니다.)

4장.

성과 피드백 면담의 실제와 응용

4장.
성과 피드백 면담의 실제와 응용

　3장까지 여러분은 리더의 대화 기술에 대해 이론적인 내용을 학습하셨습니다. 4장과 5장에서는 이론을 실제 사례에 구체적으로 적용하게 될텐데요. 그 중에서도 4장은 리더들이 가장 많이 수행하는 면담 중 하나인 팀원의 성과에 대한 피드백에 지금까지 배운 개념들을 적용해보도록 하겠습니다. 총 3가지 정도의 상황이 주어지고, 각 상황은 다시 3가지의 Phase로 나눠집니다. 이제부터 각 Phase에서 벌어진 원래의 대화를 보여드리고 면담 수행 시 반드시 기억해야 할 Point 들을 콕 집어서 알려드리겠습니다. 그리고 수정된 대화에서는 어느 부분이 왜 이렇게 수정되었는지를 함께 보여드릴 것입니다. 여러분도 수정 전후의 대화를 비교하시면서 내가 이런 상황이라면 어떻게 할까를 생각하며 보신다면 더욱 큰 학습 효과를 얻을 수 있으실 것입니다.

상황1.
　당신은 초중고 학생 대상 학습 콘텐츠를 온오프라인으로 제공하는 기업의 온라인 학습지 지도 교사 지원을 담당하는 팀의 팀장입니다. 당신의 팀은 회사에 소속된 학습지 교사들을 대상으로 콘텐츠에 대한 교육을 진행하고, 교사들이 학습지 회원들의 해지를 최대한 방어하는 일을 함께 지원하고 있습니다. 동시에 그들의 고충이나 애로사항을 전달받아 해결하는 역할도 함께 수행하고 있습니다. 서울의 한 지역을 담당하는 팀원 중 한 명이 목 상태가 매우 좋지 않아 업무에 어려움을 겪고 있음을 알게 되었습니다. 이 팀원의 생산성에 대해 피드백을 주는 동시에 건강 문제에 대해 공감하는 것이 필요한 상황입니다.

Phase 1. 대화의 시작: 단답형 팀원일지라도 마음에 '노크'를 해주세요

Before

팀장: 오대리님 오늘 기분은 좀 어때요?
팀원: 평소와 큰 차이 없이 잘 있습니다.
팀장: ……일단 오늘 면담을 진행할 건데, 평소랑 같다고는 했지만…. 이제 면담을 요청했던 이유가 해지 방어 실적이 지난달 그리고 지지난달에 비해서 좀 많이 떨어졌고… 이번 달도 오늘까지 해지 방어 실적을 확인했는데 거의….
팀원: 꼴등이죠.
팀장: 네… 서울 전체로 보면 뒤에서 세 번째… 이런 것 때문에 면담을 요청했는데 본인이 좀 힘들었거나 이번 달에는 관리가 어려웠던 부분이 있었어요?

개선 Point

1) 면담의 의도는 천천히 언급하기

면담의 시작을 "기분이 좀 어떠세요?"와 같은 질문으로 할 경우, 표정과 뉘앙스에 따라 상대방에게 자칫 형식적으로 느껴질 수 있다는 것을 먼저 고려해야 합니다. 질문 자체는 좋지만, 어떤 마음을 담아 질문하느냐가 중요합니다. "나는 정말 당신이 궁금하고, 당신에게 관심이 있다"는 진솔한 마음이 담긴 질문이라면 상대방도 덩달아 마음을 열고 면담에 임할 수 있을 것입니다. 그럼에도 불구하고 면담 초반에 면담의 의도를 전달해야 할 경우, "해지 방어 실적 관련해서 요즘 어떠세요?"와 같이 열린 질문을 던지는 것이 좋습니다. 이러한 방식으로 질문하면 팀원이 스스로 상황을 설명하면서 면담의 의도를 자연스럽게 언급하게 될 가능성이 높습니다.

2) 단답형 구성원이라도 마음에 '노크'하기

열린 질문을 했음에도 불구하고 팀원이 "평소와 다름없다"와 같이 짧게 답한다면 당황하지 마세요. 이런 경우에는 추가로 열린 질문을 던져야 합니다. 예를 들어, "오늘 오전은 어떻게 보냈어요?" 또는 "오늘 하루는 어떻게 보내고 있나요?"와 같은 질문을 통해 팀원이 마음을 열고 더 많은 이야기를 할 수 있는 공간을 마련해 주세요. 이러한 대화가 가능해지려면 리더가 먼저 마음을 열고 진정성 있는 태도로 대화를 시작하는 것이 중요합니다. 팀원이 느낄 수 있는 따뜻한 관심이 신뢰와 소통의 시작이 될 것입니다.

 After

팀장:	오대리님 오늘 기분은 좀 어때요?
팀원:	네… 평소랑 다름없어요.
팀장:	아, 평소랑… (침묵)
	(수정된 내용: 구성원이 사용한 '평소랑 다름없다'는 핵심 단어를 따라가며

	침묵을 유지했습니다. 이는 구성원이 자신의 감정을 더 잘 표현할 수 있는 시간을 제공하기 위함입니다.)
팀원:	네… 딱히 좋을 것도 나쁠 것도 없는 것 같아요.
팀장:	그렇군요. 그건 어떤 기분인가요?
	(수정된 내용: '나는 당신에게 관심이 있어요'라는 표현을 전달하기 위해 열린 질문을 추가했습니다. 이를 통해 구성원이 자신의 감정을 더 깊이 설명할 수 있도록 했습니다.)
팀원:	음… 사실은… 제가 목이 안 좋잖아요. 그게 또 실적에도 영향이 가니까 솔직히 걱정도 되고, 또 맘대로 안 되니 짜증도 나고… 뭐 그래요. 그냥 그런 기분이에요.
	(설명: 열린 질문을 통해 구성원은 자신의 기분과 문제를 더 구체적으로 설명하게 되었습니다.)
팀장:	아, 목 때문에 걱정도 되고, 실적이 마음대로 안 되니 짜증도 난다고 하시지만, 그럼에도 불구하고 왠지 대리님이 목 관리를 잘해서 실적에 영향을 주지 않으려는 마음이 느껴져요. (침묵) 어때요?
	(수정된 내용: '그럼에도 불구하고 ~라는 마음이 느껴집니다'라는 표현을 사용하여 팀원의 노력을 인정하고 긍정적인 측면을 강조했습니다. 이는 팀원에게 격려와 지지를 전달하기 위함입니다.)

어떠신가요? 사용하는 기술이 달라지니 대화의 양상이 전환되는 것이 눈에 보이시나요? 여기서 사용된 기술들을 정리해보자면 아래와 같습니다.

1) 침묵 활용

팀원의 감정 표현을 돕기 위해 중요한 순간에 침묵을 유지하여 생각할 시간을 제공합니다.

2) 핵심 단어 따라가기

팀원의 핵심 단어를 반복하며 공감을 표현하고, 대화의 흐름을 계속해서 자연스럽게 유지합니다.

3) 열린 질문 추가

팀원의 감정을 더 잘 이해하고 깊은 답변을 이끌어내기 위해 열린 질문을 사용하는 것이 효과적입니다.

4) 긍정적인 강화 및 인정

팀원의 노력을 인정하고 긍정적인 측면을 부각시켜 팀원의 사기가 올라가고 일에 대한 동기가 더욱 강하게 부여되도록 합니다.

마음을 연 팀원과 다음 단계의 대화로 넘어가보겠습니다.

Phase 2. 대화의 전개: 팀원이 변명할 때 어떻게 할까?

Before

팀원: 저… 그 두 번째 주인가?… 아팠잖아요… 목소리 자체가 안 나오다 보니까 부득이하게 결근을 한 이틀 하게 되었고… 목을 많이 쓰는 직장이다 보니까… 다 나은 상태에서 출근한 게 아니고 하다 보니… 조금 목 관리를 하기 위해서 말을 조금 적게 하려고 그것 때문에 좀 교육 횟수나 교사들 상담을 평소보다 적게 한 영향도 없잖아 있었고… 지금도 나쁜 건 아닌데… 아침에 일어날 때마다 좀 목이 아픈 부분이 많다 보니까… 다음 달에 또 영향이 있을까 봐… 이번 달에는 어차피 아무리

	노력한다고 해도 이미 해지하기로 한 회원들 마음을 돌리기가 어려울 것으로 판단해서 이번 달은 몸 상태부터 회복을 빨리 하자 생각하다보니 해지 방어를 위한 노력을 상대적으로 소홀하게 된 것도 사실 있어요.
팀장:	맞아요. 그런데 병가도 있는 게 안타까운데 오대리가 항상 목이 약하고 폐렴도 저번에 걸렸었고, 감기도 걸리면 항상 목으로 오니까… 항상 몸 관리는 사전 관리를 할 수 있을 때 먼저 해주는 게 좋을 것 같고, 아픈 거는 진짜 어쩔 수 없긴 하지만… 맞아… 병가 때문에도 상담 명세나 교육 횟수 관리가 진짜 어렵긴 했었는데… 추가 병가라든지 좀 관리하기 위해 그 뒤에는 본인이 관리를 했다고 말하는 거죠?

 개선 Point

1) 팀원의 변명을 역으로 활용하기

팀원이 감정적으로 토로하는 말들이 때때로 변명처럼 들릴 수 있습니다. 이럴 때 우리는 어떻게 반응해야 할까요? 사실 여부보다 중요한 것은, 그 변명이 설사 사실이 아니더라도 이를 통해 팀원의 업무에 힘을 실어주는 것입니다. 변명할 정도로 팀원이 노력한 부분이나 시도한 점을 발견하여 인정해 주세요.

팀원의 노력을 인정하는 것은, 그 변명의 진실 여부와는 상관없이 팀원과의 신뢰를 강화하고, 업무에 대한 동기부여를 제공하는 중요한 방법입니다. 이를 통해 팀원은 자신의 노력과 시도가 리더로부터 인정받고 있다는 느낌을 받을 수 있으며, 더욱 업무에 열정을 가지고 임할 수 있게 됩니다.

2) '맞아요' 대신 '그래요~'로

'맞아요'라는 표현은 자칫 팀원의 말을 평가하는 뉘앙스를 줄 수 있습니다. 이러한 상황에서 '맞아요'보다는 '그래요'라는 표현을 사용하는 것이 좋습니다. '그래요'는 "당신의 말을 듣고, 수용하고 있습니다"라는 의미를 담고 있습니다. 이를 통해 대화에서 더 수용적인 에너지를 주고받을 수 있게 되고, 팀원은 자신의 의견이 존중받고 있다는 느낌을 받을 수 있습니다.

 After

팀원:	저… 그 두 번째 주인가? … 아팠잖아요… 목소리 자체가 안 나오다 보니까 부득이하게 결근을… 한 이틀 하게 되었고…
	(감정 토로: 이 부분에서 팀원이 자신의 상황을 감정적으로 설명하고 있습니다. 이때 리더는 그 감정을 인정하고 수용하는 자세를 보여줄 필요가 있습니다.)
팀장:	그래요~ 목소리가 잘 나오지 않았었는데도 상담 전화를 계속 받았었지요. 부득이하게 결근까지 했었고요. 참 안타까웠어요. 그때 마음이 어땠어요?
	(변경된 부분 설명: '그래요~'라는 표현을 사용하여 팀원의 말을 평가하지 않고 수용함으로써 팀원의 감정을 존중하는 태도를 보였습니다. 이는 팀원의 상황을 비판하거나 평가하지 않으며, 진심으로 그 감정을 받아들이는 자세를 표현합니다. (공감과 수용 원칙 적용))
팀원:	목을 쓰는 직장이다 보니까… 다 나은 상태에서 출근한 게 아니고 하다 보니 목 관리를 하기 위해서 말을 조금 적게 하려고 그것 때문에 좀 상담과 교육 횟수를 좀 줄인 것도 없잖아 있었고… 지금도 나쁜 건 아닌데… 아침에 일어날 때마다 좀 목이 아픈 부분이 많다 보니까 다음 달에 또 영향이 있을까 봐. 이번 달에는 어차피 아무리 많이 교육이나 상담을 진행한다고 해도 이미 해지하기로 결정한 회원들의 결정을 되돌리기 어렵다고 판단해서 기왕에 이렇게 되었으니 아예 이번 달은 몸 상태를 회복하는데 집중하자 라고 생각해서 상담이나 교육을 지난달보다 좀 적게 진행하고 있었던 것도 사실 있어요. 그래도 좀 속상했어요. 다른 팀원들 눈에는 제가 업무를 등한시한다고 생각할까 봐.

	(시도와 노력 캐치: 구성원의 말에서 시도한 노력과 고충을 발견하고 이를 인정해 줄 필요가 있습니다.)
팀장:	그래요…. 속상했겠어요. 그럼에도 불구하고 저는 오대리님이 목 관리를 잘 해서 더 이상 업무에 지장을 주지 않으려는 노력이 느껴지는데… (침묵 + 아이컨텍) 어때요?
	(변경된 부분 설명: '그래요'라는 표현으로 팀원의 말을 수용한 후, '속상했겠어요'라고 구성원의 감정에 공감하는 모습을 보였습니다. 이어서 팀원이 노력한 부분을 알아채 인정하는 발언을 추가했습니다. '그럼에도 불구하고'라는 표현을 사용하여 상황의 어려움을 이해하면서도, 그 상황에서 노력한 점을 인정함으로써 팀원의 자존감을 지켜주었습니다. (공감과 인정 원칙 적용)
팀원:	네~ 저 진짜 노력하고 있어요~ 저번에 폐렴도 그렇고, 감기도 걸리면 항상 목으로 오니까 사전에 관리할 수 있을 때, 목 관리를 먼저 해주는 게 좋을 것 같거든요.
	(변경된 부분 설명: 리더가 팀원의 노력을 인정해 주자, 팀원은 더욱 자세하게 자신의 노력을 설명하며 더 적극적인 태도로 바뀌었습니다. 이를 통해 팀원은 자신의 노력이 가치 있다고 느끼게 되고, 앞으로의 개선 방안을 더 적극적으로 찾게 됩니다.)

적극적인 공감과 인정을 통해 팀원은 마음의 문을 활짝 열고 더욱 적극적인 태도를 가지게 됩니다. 이러한 적극적인 태도를 만들어준 원칙들은 아래와 같습니다.

1) 공감과 수용

팀원의 감정을 먼저 충분히 수용하고, 그 감정에 대해 공감하는 표현을 사용했습니다. 이를 통해 팀원이 팀장에게 진정성을 느낄 수 있도록 했습니다.

2) 변명 수용하기

팀원의 설명이 변명처럼 들릴 때, 그것을 치부하지 않고 오히려 팀원의 노력을 알아채고 인정해 주었습니다. 이를 통해 팀원과의 신뢰를 강화하고 긍정적인 동기부여를 제공했습니다.

3) 침묵과 아이컨택

팀원이 자신의 감정을 더 깊이 표현할 수 있도록 중요한 순간에 침묵을 유지하고 눈 맞춤을 사용하여 진정성을 표현했습니다.

Phase 3. 대화의 마무리: 리더가 팀원으로부터 '배려 멘트'를 들었을 때

Before

팀장:	성과나 다른 지표 관리를 위해서 내가 조금 더 도와줄 수 있는 방향이 있다면 어떤 부분을 더 구체적으로 도와줬으면 좋겠는지…
팀원:	우선, 제가 지금까지의 교육과 상담 진행 명세를 살펴보면, 월초보다 월말에 해지 방어 관련 상담 비중이 높아지더라고요. 그런데 그때는 다음 달 교육 준비나 매출 마감 관련 업무도 몰리는 상황이라 해지 방어 상담은 우선순위를 뒤로 미루게 되는 상황이 자주 발생했어요. 그러다 보니 교사분들과 통화할 때도 메모 남기는 게 잘 안돼요. 메모를 작성하다 보면 정작 상담 내용의 중요한 부분을 놓치는 경우도 있고 하다 보니까 항상 상담 끝나고 따로 기록하게 되구요. 그것 때문에 추

	가적인 문서 작업 시간이 길어지고… 그렇게 되면 또 그만큼 다른 상담이나 교육에 할애할 수 있는 시간이 줄어들고 하면서 악순환이 되는 측면이 좀 있더라고요. 월말이 아니면 당연히 제가 해야 하는데… 월말에는 방금 말씀드린 것처럼 다른 바쁜 상황들도 발생하다보니 팀장님께 부탁드리고자 하는 부분은… 해지를 원하는 고객 상담의 이관 또는 배분인데요. 아무래도 월말이면 다른 팀원들도 팀장님께 동일한 걸 요청하는 일이 많을 텐데… 팀장님도 바쁘실 텐데… 좀 요청하기가… 어떨까 싶어서…
팀장:	아 근데… 이거는 당연히 그렇게 할 거고 월말 마감이 가까워져 올수록 어차피 해지 방어 명세도 정리를 해서 최대한 방어를 해야 하기 때문에 팀 전체적으로 파악을 하고 필요하면 팀원 간에 배분해서 처리하려고 해요. 일단 관련 상담에 대한 히스토리 파악이 중요하니까 그것부터 정리해서 전달해주셔야겠죠.
팀원:	기록은 직접 하라고 하시다 보니… 이제 그거 기록하고 난 뒤에 추가로 또 답변 왔는지도 중간중간 이메일이나 내부 시스템도 확인해봐야 되고, 빨리 확인해서 교사가 대응을 할 수 없다고 하면 제가 직접 해지 원하는 회원에게 다시 연락할 건 해야 되고…

1) 팀원의 배려 멘트 인식하기

팀원들은 리더가 얼마나 바쁘고 자신을 도와줄 여력이 되는지를 계속 체크합니다. 이는 때로 과도한 배려로 인해 업무에 누수가 발생하는 경우도 있습니다. 리더는 이러한 배려를 단순히 넘기지 않고 반드시 인정하고 표현해주어야 합니다. 팀원이 리더를 배려하는 마음이 있다는 사실을 확인하고 언급하는 것은 팀원과의 신뢰를 강화하고, 관계를 돈독하게 만드는 데 중요한 역할을 합니다.

 **After**

팀장:	성과나 다른 지표 관리를 위해서 내가 조금 더 도와줄 수 있는 방향이 있다면 어떤 부분을 더 구체적으로 도와줬으면 좋겠는지…
팀원:	우선 제가 지금까지의 교육과 상담 진행 명세를 살펴보면, 월초보다 월말에 해지 방어 관련 상담 비중이 높아지더라고요. 그런데 그때는 다음 달 교육 준비나 매출 마감 관련 업무도 몰리는 상황이라 해지 방어 상담은 우선순위를 뒤로 미루게 되는 상황이 자주 발생했어요. 그러다 보니 교사분들과 통화할 때도 메모 남기는 게 잘 안돼요. 메모를 작성하다 보면 정작 상담 내용의 중요한 부분을 놓치는 경우도 있고 하다 보니까 항상 상담 끝나고 따로 기록하게 되고요. 그것 때문에 추가적인 문서 작업 시간이 길어지고… 그렇게 되면 또 그만큼 다른 상담이나 교육에 할애할 수 있는 시간이 줄어들고 하면서 악순환이 되는 측면이 좀 있더라고요. 월말이 아니면 당연히 제가 해야 하는데… 월말에는 위에 말씀드린 것처럼 다른 바쁜 상황들도 발생하다보니 팀장님께 부탁드리고자 하는 부분은… 해지를 원하는 고객 상담의 이관 또는 배분인데요. 아무래도 월말이면 다른 팀원들도 팀장님께 동일한 걸 요청하는 일이 많을 텐데… 팀장님도 바쁘실 텐데… 좀 요청하기가… 어떨까 싶어서…
팀장:	그래요~ 오대리님~ 본인도 그 상황이 답답할 텐데… 저에게 들어오는 요청까지 신경 쓰고, 저를 배려해 주셨네요. (변경된 부분: '그래요'라는 표현을 사용하여 팀원의 말을 평가하지 않고 수용하고, 팀원의 배려를 인정하는 태도를 보여줌. 이는 팀원이 리더의 상황을 고려하며 배려한 점을 잊지 않고 인정함으로써 팀원과의 신뢰를 쌓는 데 중요한 역할을 함.)

팀장:	제가 충분히 도와줄 여력이 되니까, 매월 마지막 주에는 매일 아침 업무 시작 전에 팀전체 해지 방어 필요 명세 및 해지 요청 회원 리스트를 공유하고 담당자별 업무 부담을 확인하고 필요 시 재배분하여 해지 방어를 최대한 추진하는 것으로 할께요. 저를 충분히 활용하시면 좋겠어요. (변경된 부분: 팀원이 리더에게 부담을 느끼지 않고 요청할 수 있도록 리더의 지원 가능성을 분명히 알리고 있음. 이는 팀원이 자신을 위한 지원을 요청하는 것이 가능하다는 것을 인식하게 함.)
팀원:	네~ 알겠습니다~ 그거 외에도 사실 모든 히스토리 기록은 직접 하라고 하시다 보니까… 이제 그거 기록하고 나면 또 답변 왔는지도 중간중간 봐야 되고, 빨리 확인해서 고객에게 다시 연락할 건 해야 되고… 그래서 성과를 많이 못 내는 것도 있는 것 같아요.
팀장:	아~ 그렇군요. 답변 왔는지 중간중간 보시고, 다시 연락할 건 하시고… 다른 것들도 챙겨야 하고… 좀 분주해 하신다는 느낌이 들어요. 어때요? (변경된 부분: 리더가 팀원의 상황을 이해하고 이에 대한 감정을 반영하여 표현함. 이를 통해 팀원이 자신의 상황이 이해받고 있다는 느낌을 받을 수 있도록 함.)
팀원:	음…. 그렇게 생각 못했었는데 듣고 보니 팀장님 말씀이 맞는 것 같아요.
팀장:	그 부분은 어떻게 해결할 수 있을까요? 오대리님은 어떻게 하고 싶으세요? (변경된 부분: 열린 질문을 사용하여 팀원이 스스로 해결책을 찾도록 유도함. 이는 팀원의 자율성을 존중하고 문제 해결의 주체로서의 역할을 강화하는 데 도움을 줌.)
팀원:	저 스스로 목이 계속 아프다보니 해지 방어 등 좀 전략을 세워서 처리해야 하는 업무보다는 당장 문의를 받거나 고충 해결과 같이 즉각적으로

> 대응하는 업무를 빨리 완료해버려야 한다는 생각을 하게 되었던 것 같아요. 그것도 핑계일 수 있는데…. 앞으로는 즉시 대응이 필요한 업무라고 하더라도 내용을 좀 더 면밀히 살펴보고 우선순위를 조정해서 해지 방어와 같은 다른 업무도 함께 처리할 수 있는 시간을 확보해보도록 하겠습니다.

다음과 같은 기술을 사용해서 변명으로만 일관했던 팀원의 대답을 긍정적이고 적극적인 태도로 전환시킬 수 있었습니다.

1) 배려 인정하기

팀원의 배려 멘트를 간과하지 않고 인정함으로써 팀원과의 신뢰를 쌓고, 자신의 노력이 가치 있다고 느낄 수 있도록 합니다.

2) '그래요'를 통한 수용적인 태도

팀원의 말을 평가하지 않고 진심으로 수용하는 태도를 통해 팀원이 존중받고 있다는 느낌을 줍니다.

3) 열린 질문 사용

팀원이 스스로 문제 해결 방법을 찾을 수 있도록 돕는 질문을 사용하여, 팀원의 자율성과 문제 해결 능력을 강화합니다.

상황2.

당신은 전자 제품의 A/S를 담당하는 조직의 파트장입니다. 지금 당신의 파트에는 A/S 출동 후 고객의 피드백을 기반으로 평가되는 업무 평가 점수가 3개월 연속으로 파트 내 가장 낮은 팀원이 있습니다. 당신은 이 팀원의 상황을 충분히 이해하고 평가 결과가 개선될 수 있도록 함께 고민해주어야 합니다.

Phase 1. 대화의 시작: 구성원의 '하소연'에 반응하는 방법

Before

파트장: 김기사님~ 요즘은 좀 어때요?

팀원: 저는 요즘 마음을 좀 편하게 먹고는 있어요. 근데 똑같은 고민이 계속 반복되는 것 같아요. 저도 A/S 출동 후 고객 피드백에 대한 부담감은 있지만, 결과가 내 마음대로 안 되니까 부담이 있고… 고객 만족도 평가에서 저점이 나오면 제 마음이 불안정해져요. 마음에 항상 걸려 있거든요. 제가 도와주려고 출동하고도 저점을 받으면 내가 문제인가 싶기도 하고… 어제도 사실 그랬어요.

파트장: 아~ 맞아요. 어제도 제가 보니까 다른 건 다 잘했는데, 특정 항목에서 저점이 나왔더라고요.

개선 Point

구성원이 하소연을 늘어놓을 때, 리더는 어떻게 반응해야 할까요? 하소연의 내용에만 반응하며 "저점이 나왔더라고요"라고 말하면 구성원의 마음은 쉽게 경직될 수 있습니다. 하소연의 내용보다 구성원이 느끼는 감정을 들어주세요. ("부담감", "마음이 불안정해져요" 등) 그리고 먼저 공감한 후에 메시지를 전달하는 방식이 좋습니다.

 **After**

파트장:	김기사님~ 요즘은 좀 어때요?
	(열린 질문으로 시작 - GOOD!)
팀원:	저는 요즘은 마음을 좀 편하게 먹고는 있어요. 그런데 똑같은 고민이 계속 반복되는 것 같아요. 고객 만족도 평가에서 높은 점수를 받고 싶은 욕심이 있기는 하지만, 만족도를 유지하는 게 쉽지 않아서 부담이 있어요. 평가에서 저점이 나오면 마음이 안정되지 않아서 계속 신경이 쓰여요. 어제도 출동했는데 저점을 받아서, 제가 문제인가 싶기도 했어요.
파트장:	그래요… 마음 편하게 하려고 노력은 하시지만, 만족도에 대한 부담감이 많이 전해져요. 마음 안정도 안 되신다고 하고… (아이컨택 + 침묵) 어때요?
	(구성원 언급한 감정적 단어들을 다시 언급하기 - 이를 통해 둘 사이의 공감지수가 올라갑니다.)
팀원:	네, 맞아요. 만족도에 대한 부담이 생각보다 크네요.
	(구성원이 '리더가 내 이야기를 잘 듣고 있구나'라고 느낄 수 있게 됩니다.) 그래서 어제 오후에 출동했던 건에서도 나중에 사후 피드백을 들어보니 다른 기사분들보다 상대적으로 낮은 점수를 받았어요. 마음을 다잡는 게 중요할 것 같아요. 부담감을 먼저 해결해야겠네요.
	(리더가 직접 이야기하지 않아도, 구성원이 먼저 해결책을 찾기 시작합니다. 공감하기의 효과입니다.)

구성원이 고민만 하다가 스스로 답을 찾기 시작하게 만든 기술은 아래와 같습니다.

1) 열린 질문으로 시작

구성원이 자유롭게 현재의 감정을 표현할 수 있도록 열린 질문을 통해 대화를 시작합니다.

2) 감정 언급 반복

구성원이 언급한 감정적 단어를 다시 언급하여 공감하고 있다는 것을 표현합니다. 이는 구성원에게 심리적 지지감을 주고 더 깊은 대화를 유도합니다.

3) 침묵과 아이컨택

중요한 순간에 침묵과 눈맞춤을 통해 상대방이 말할 시간을 주며, 그 감정을 충분히 표현할 수 있도록 합니다.

Phase 2. 대화의 전개: 구성원이 더 많이 표현하게 해볼까?

Before

파트장:	만족도 관련해서 김기사님이 고민이 많을 것 같은데… 내가 봐도 매월 엄청 열심히 하려고 하는데, 꼭 하나씩 두 개씩 낮은 점수들이 나오는 경우가 있더라고요. 아~ 조금 힘이 빠질 수도 있겠다 싶은데… 김기사님 지금은 좀 어때요?
팀원:	좀 힘들어요.
파트장:	힘들어요? 몇 월부터?

팀원:	음… 한 8월 정도부터인 것 같아요.
파트장:	음… 8월부터…
팀원:	8월에 고객 불만족도가 엄청 높았던 건이 있었는데 그 이후로 자신감이 많이 떨어지게 된 것 같아요. 자신이 없으니까 작은 실수도 늘어났던 것 같고…
파트장:	아~ 작은 실수? 뭐죠? 뭐?

 개선 Point

구성원이 더 많이 표현하게 해볼까요? 구성원이 만족도로 인해 힘들어할 것임을 리더가 예상한 점은 바람직합니다. 여기서 더 나아가 리더님의 진심 어린 배려가 더 빛나도록 하기 위해서는, 구성원이 스스로 더 많은 이야기를 하도록 도와야 합니다. 열린 질문과 침묵을 활용하는 것이 큰 도움이 됩니다. 예를 들어 "만족도 관련해서는 좀 어때요?", "그 부분에 대해 어떻게 생각하세요?"
이렇게 열린 질문을 활용하면 구성원이 자신의 생각과 감정을 더 자유롭게 표현할 수 있게 됩니다.

 After

파트장:	고객 만족도 관련해서는 요즘 좀 어때요?
	(열린 질문으로 시작 GOOD!)
팀원:	좀 힘들어요.
파트장:	(침묵)
	(왜 힘드냐고 바로 질문하기보다, 구성원이 뭔가를 언급할 수 있도록 3초 정도 침묵합니다. 대부분의 경우, 스스로 힘든 이유에 대한 표현을 이어가게 됩니다.)

팀원:	음… 출동할 때마다 최소한 불만족 점수는 받지 않으려고 신경을 잔뜩 쓰는데 꼭 월말에 한두 개씩 불만족 점수를 받는 건들이 나오니까…
파트장:	아… 그 부분에 대해 김기사님은 어떻게 생각하세요?
	(열린 질문을 통해 구성원이 많은 표현을 할 수 있도록 길 열기!)
팀원:	솔직히 잔뜩 긴장하고 신경써서 한 건데도 안 되니까 힘 빠지고… 지난달 같은 경우에도 고객에게 최대한 빨리 연락을 주겠다고 하고 우선순위를 조정해서 했던 건인데… 그래서 점수를 낮게 받다 보니 좀 복잡했어요.
파트장:	(침묵) 최대한 빨리 업무를 진행했는데, 예상과는 다른 평가를 받아서 좀 아쉽고 속상하다는 마음이 저한테도 전해지네요. (침묵) 어때요?
	(구성원이 많은 표현을 한 뒤에는 감정적 단어들에 대해 공감하기 진행!)
팀원:	맞아요. 신경 쓰고 있는데…
	(신뢰감이 상승함을 볼 수 있어요.)

구성원으로부터 더 많은 이야기들을 끌어낼 수 있었던 기술은 아래와 같습니다.

1) 열린 질문으로 시작하기

"만족도 관련해서는 요즘 좀 어때요?"와 같은 열린 질문을 통해 구성원이 스스로 자신의 상황과 감정을 더 자세하게 이야기할 기회를 주었습니다. 열린 질문은 구성원의 표현을 유도하고 대화를 풍부하게 만듭니다.

2) 침묵의 활용

구성원이 충분히 표현할 수 있는 시간을 주기 위해 일부러 침묵을 유지했습니다. 침묵은 구성원에게 생각을 정리할 시간을 주며, 그들이 스스로 상황을 더 깊이 설명하게 유도하는 효과적인 방법입니다.

3) 감정적 단어 언급 및 공감하기

구성원이 언급한 "부담감", "힘들다" 같은 감정적 단어를 다시 한번 언급하면서, 리더가 구성원의 감정을 잘 듣고 있으며 그 감정에 공감하고 있음을 표현했습니다. 이를 통해 구성원이 자신이 인정받고 있다는 느낌을 받게 되고, 신뢰가 강화됩니다.

4) 침묵 + 감정에 대한 공감 표현

감정적인 표현을 충분히 언급한 후 다시 침묵하면서, 리더가 상대방의 감정을 진지하게 받아들이고 있다는 것을 보여줍니다. 이로 인해 구성원은 자신의 감정이 리더에게 전달되고 있음을 확신하게 됩니다.

Phase 3. 대화의 마무리: 무엇을 도와주면 좋겠어?

Before

팀원:	그런데 이게 매월 안 좋은 상황이 반복되니까 자신감이 더 떨어져요.
파트장:	그러면 자신감을 갖고 업무를 하기 위해서… 제가 어떤 걸 도와주면 좋겠어요?

팀원:	파트장님은 항상 잘 도와주시는데…
파트장:	그래도 이제… 어… 내가 도와줘도 개개인 별로 다 다를 수 있으니까… '아~ 이런 건 좀 너무 어렵다더라', '이런 것에서는 도움이 필요할 것 같다' 이런 거 있잖아요…

 개선 Point

1) '무엇을 도와주면 좋겠어요?' 접근 GOOD!
좋은 접근입니다. 대부분 여기에서 실패하곤 해요. 리더가 "자신감을 가져!"라고 했을 때, 구성원이 "자신감이 없어요"라고 하면 이때부터 밀어붙이곤 합니다.
"왜 자신감이 없어. 자신감을 갖도록 해라. 너는 자신감이 있어야 되는 사람이야" 이런 식으로 리더의 말이 길어지곤 하죠.
그러나 지금은, 조언보다 열린 질문을 하셨기에 대화가 훨씬 깔끔합니다. 좋은 접근입니다. 여기에서 한 가지 팁을 드립니다. 바로 리더가 도움을 주려 하기보다는, 구성원 본인의 생각을 비춰주는 것이 구성원에게 더 큰 도움이 되곤 합니다.
'자신감을 갖는 데에는 어떤 방법이 있을까요?'

 After

팀원:	그런데 이게 매월 안 좋아지니까 좀 자신감이 없어요.
파트장:	아~ 자신감… 그래… 자신감을 갖는 데에는 어떤 방법이 있을까요?
	(구성원이 한 이야기를 바탕으로 생각 비춰주기.)
팀원:	음……
파트장:	(침묵)
	(바로 대답이 안 나올 수도 있습니다. 기다려주세요~ 생각해보지 못했던 것을 떠올려보는 귀중한 시간입니다)

> 팀원: 사실 기본적인 서비스는 워낙에 저희 회사에서 제공하는 가이드가 상세하고 다양한 케이스에 대해 충실하게 설명하고 있어서 대응이 가능한데, 제 스스로 고객을 응대할 때 자신감이 없는 것 같아요. 자신감을 갖기 위해선… 일단 제 서비스에 자신감을 갖기 위해선 '지금 이 고객이 나에게 불만족 점수를 줄 수도 있어' 라는 생각을 하며 불안감을 가지지 않아야 할 것 같아요. 오히려 이 고객이 내 서비스에 분명히 만족할 거라는 확신을 가지고 서비스를 제공해야 고객도 불안해지지 않고 서비스에 대한 신뢰를 갖게 되고… 저도 문제 상황이 전부 해결되었다는 메시지를 더 명확히 전달할 수 있게 되고… 그렇지 않을까요?

이처럼 성과가 좋지 않은 팀원의 마음과 생각을 긍정적으로 돌릴 수 있었던 계기는 아래와 같은 기술들의 적용 덕분입니다.

1) 생각 비춰주기

구성원이 한 이야기에서 중요한 키워드를 선택해 구성원의 생각을 더 깊이 비추어주는 질문을 했습니다. 이는 구성원이 자신의 상황을 다시 돌아보게 하고 문제를 해결할 수 있는 새로운 접근을 찾도록 돕습니다.

2) 침묵의 기술

구성원이 자신의 생각을 정리할 시간을 주기 위해 의도적인 침묵을 사용했습니다. 이는 구성원이 더욱 깊이 있는 대답을 할 수 있도록 돕고, 급하게 대답해야 한다는 압박감을 줄여줍니다.

3) 열린 질문

구성원이 스스로 해결책을 찾을 수 있도록 질문을 던졌습니다. "자신감을 갖는 데에는 어떤 방법이 있을까?"와 같은 열린 질문을 통해 구성원이 자율적으로 고민하고 표현하도록 길을 열어주었습니다.

상황3.

당신은 화학 제품을 해외의 거래선에 판매하는 사업부의 아시아지역 담당 실장입니다. 지금 당신의 팀에는 거래선과 계약을 맺은 후에도 제품의 모델별 가격을 자주 재조정해서 계약 당시의 예상 손익보다 악화된 손익을 실제로 발생시키는 실원이 있습니다. 하지만 이 실원은 손익의 차이는 발생시키더라도 매출 실적은 항상 가장 좋은 상황입니다. 당신은 이 실원을 칭찬하고 격려하면서도 동시에 개선해야 될 부분을 알려주어야 합니다.

Phase 1. 대화의 시작: 면담의 의도를 드러낼 땐 어떻게?

Before

실장:	오늘 하루는 좀 어땠어요?
실원:	아 실장님 오늘 진짜 힘들었습니다~ (웃음)
실장:	아~ 어떤 점이 힘들어… 얼굴은 안 힘들어 보이기는 하는데… 항상 힘든 건가요? 아니면 오늘 하루만 힘드셨던 건가요?
실원:	아뇨~~ 사실 안 힘들었어요~
실장:	우리 이 책임님은 오가면서 한 번씩 보면 얼굴이 항상 밝으시더라고요.

> 실원: 어… 그래요? 에이 아니에요~
> 실장: '일을 참 즐겁게 하시는 것 같다' 그런 느낌을 받았거든요. 어때요? 그런 것 같아요?
> 실원: 그렇게 생각하려고….
> 실장: 항상 웃으시는 게…. 항상 밝으신 거 같아요. 다름 아니라 우리가 A사와 맺고 있는 계약의 조건에 대해 확인할 부분이 있는데… 혹시, 이책임님께서는 작년에 A사 판매모델의 제안 단가 대비 실제 단가를 어느 정도 조정했는지 알고 있나요?
> 실원: 아….

 개선 Point

1) 면담의 의도를 드러낼 때!

'다름 아니라…'라는 말을 꺼내며 면담 의도를 드러내셨습니다. 시기적으로 구성원의 마음이 더 열리고 나서 의도를 말씀하시는 것이 좋습니다. 편안한 내용으로 조금 더 일상적인 이야기를 나눠주세요.

'가격 재조정'과 같은 주제는 구성원에게 다소 예민하게 느껴질 수 있습니다. 리더님께서는 질책할 목적이 아니셨음에도… 구성원은 자책할 수 있거든요. 특히, 리더님께서 '작년에', '어느 정도 조정'을 언급한 순간, 구성원은 질책으로 감지하여 마음과 생각을 닫아버릴 수도 있습니다. 열린 질문을 활용하여 긴장감을 풀고 구성원으로부터 많은 표현을 이끌어 내도록 해주세요.

'올해 시작하면서… 작년에는 이책임님 거래선들과의 계약 과정은 좀 어땠었나요?'
'가격 재조정에 대해 어떻게 생각해요?'

 **After**

실장:	오늘 하루는 좀 어땠어요?
실원:	힘들었어요 ~ (웃음)
실장:	아~ 어떤 점이 힘들어… 얼굴은 안 힘들어 보이기는 하는데… 항상 힘든 건가요? 아니면 오늘 하루만 힘드셨던 건가요?
	(구성원과 아이컨택을 하셨군요. 좋습니다. 구성원의 표정이 리더님의 시선에 들어올 수 있는 이유는 아이컨택 때문입니다.)
실원:	아뇨~~ 사실 안 힘들었어요~
실장:	이책임님은 오가면서 한 번씩 보면 얼굴이 항상 밝으시더라고요.
실원:	어… 그래요? 에이 아니에요~
실장:	'일을 참 즐겁게 하시는 것 같다' 그런 느낌을 받았거든요. 어때요? 그런 것 같아요?
실원:	그렇게 생각하려고….
실장:	(침묵) 많이 웃으셔서 제게는 밝은 이미지이세요. 어때요?
	(확신을 주는 표현: '항상 밝으신 것 같아요' → '밝은 이미지이세요.')
실원:	아~ 그렇게 봐주셔서 감사해요.
실장:	주변 사람들은 이책임님을 어떻다고 하나요?
실원:	잘 웃는다고… 실장님 말씀처럼 자주 얘기해 주시는 것 같아요. 이긍정이라고…
실장:	이긍정~ 하하… 그렇군요~ 올해 시작하면서… 작년에는 이책임님 거래선들과의 계약 과정은 좀 어땠었나요?'
실원:	크게 특별한 부분은 없었던 것 같습니다.
실장:	그렇군요~ 이책임님은 계약 이전 제안 단가와 실제 판매할 때 단가의 차이가 발생하는 경우에 대해서 어떻게 생각해요?
	(열린 질문을 활용하여 긴장감을 풀고 구성원으로부터 많은 표현을 이끌어 내주세요.)

> 실원: 보통 계약 과정에서 우리가 제안한 여러 조건들이 잘 받아들여지지 않아서 결국 가격 할인을 통해 계약을 성사시키다보니 '가격 조정 = 막을 수 있었던 손실' 이런 생각이 좀 있는 것 같아요.

이렇듯 팀원의 긴장을 풀어주고 대화를 잘 시작할 수 있도록 한 면담 역량들은 아래와 같습니다.

1) 아이컨택 및 공감

리더가 구성원의 표정과 몸짓을 눈여겨보며 아이컨택을 통해 구성원의 감정을 이해하고 공감하는 시간을 가졌습니다. 이를 통해 구성원은 리더가 자신을 진지하게 대하고 있다는 신뢰를 느낄 수 있습니다.

2) 확신을 주는 긍정적 피드백

"항상 밝으신 것 같아요"라는 표현보다는 "밝은 이미지이세요"와 같은 확신의 표현을 하여 구성원의 긍정적인 면을 확장하였습니다. 이는 구성원이 자신의 긍정적인 모습을 더욱 자각하고, 그 부분에 대해 자신감을 가지도록 돕습니다.

3) 열린 질문을 통해 많은 표현 이끌어 내기

"어떻게 생각하세요?"와 같은 열린 질문을 통해 구성원이 자신의 생각을 깊이 있게 표현할 수 있도록 했습니다. 이런 질문들은 구성원이 스스로 문제를 진단하고 개선 방향을 모색하게 하는 데 도움이 됩니다.

4) 침묵의 기술

구성원이 더 많은 이야기를 할 수 있도록 리더는 적절한 순간에 침묵을 유지했습니다. 침묵은 구성원에게 생각할 시간을 제공하며, 리더가 그들의 답변을 기다리고 있음을 보여줍니다.

5) 면담의 목적을 명확히 하는 동시에 신뢰 쌓기

리더는 먼저 일상적이고 편안한 대화를 통해 구성원의 마음을 열고 나서, 중요한 업무적 이슈를 이야기했습니다. 이렇게 함으로써 구성원은 자신의 감정이 존중받고 있다고 느끼고, 업무 관련 피드백도 수용하게 됩니다.

Phase 2. 대화의 전개: 금액을 언급할 때는 수치만 표현하기

Before

실장:	계약을 성사시킨 이후에도 가격 조정을 자주 하다 보니 예상 손익보다 악화된 부분이 생기긴 했어요.
실원:	네, 알고 있습니다. 가격을 자주 재조정하게 되었습니다.
실장:	네, 그런데 이 부분에서 손익이 예상보다 떨어지긴 했지만, 매출 실적은 여전히 가장 좋습니다.
실원:	감사합니다.
실장:	그런데 이번 A사와의 계약에서는 가격 조정으로 인한 손익 악화가 이번에 좀 심하게 발생했어요. 어떻게 생각하세요?
실원:	네, 이번에도 예상과는 다르게 손익이 많이 악화된 것 같습니다.

> 실장: 그래도 이책임님께서 A사 계약 물량 자체는 많이 늘리셔서 매출 실적을 높이신 것은 정말 대단하다고 생각해요. 하지만 손익 부분에서 개선이 필요해 보입니다.
> 실원: 네, 앞으로는 가격 조정을 좀 더 신중히 할 필요가 있겠네요.

 개선 Point

1) 금액을 언급할 때는 수치만 표현하기!

구성원의 마음을 배려하려다 보니, 손익 악화에 대해 이야기할 때 리더님의 개인적인 생각이나 판단을 개입시키는 경우가 있습니다. '많이', '심하게'와 같은 표현은 모호할 수 있습니다. 금액을 언급할 경우에는 중립적이고 객관적인 수치만을 언급하고, 그 수치에 대해 구성원이 어떻게 받아들이는지 질문해 주세요. 예를 들면 다음과 같은 표현이 더 구체적입니다. '이번 손익이 많이 악화되었습니다' 대신 '이번 손익이 ㅇㅇ만 원 정도 떨어졌습니다. 어떻게 생각하세요?

2) 수치를 언급하는 이유

면담에서 리더님이 구성원의 성과 수치를 언급하는 이유는 무엇일까요? 구성원이 개선 방향을 찾고 성장하는 모멘텀을 부여하기 위함입니다. 그러니 수치 자체보다 구성원이 그 수치를 어떻게 받아들이는지가 중요합니다. 구성원이 수치에 대해 본인의 생각을 표현할 수 있도록 해주세요.

 **After**

실장:	여기 최근 가격 조정으로 인한 손익 변동 확인해 보시겠어요? (침묵) 어떻게 생각하세요?
	(수치를 직접 말하기보다, 직접 보여주는 것이 더 좋습니다. 최대한 중립적으로 접근해주세요.)
실원:	아~ 손익이 예상보다 악화되었네요… 2천만 원 정도 손실이 발생했네요.
실장:	보시니까 어떤 마음이 드시나요?
	(직접 구성원의 입을 통해 손익에 대한 생각과 감정을 듣는 것이 좋습니다. 열린 질문을 활용하세요.)
실원:	좋지 않네요. 결국 제 판단으로 인해 발상한 거니까요… 조정을 잘 해 보려고 했지만 예상대로 되지 않아 허무하고 속상하기도 합니다.
실장:	아…, 허무하고… 속상하고….
실원:	네~
실장:	또 어떤 생각이 드나요?
	(구성원의 표현을 더 이끌어내기 위한 '또'를 활용한 열린 질문!)
실원:	음… 거래선에서 가격 인하 요구가 계속 있어서 대응하다 보니 손익을 제대로 관리하지 못한 것 같아요. 매출을 높이는 것에만 신경을 쓰다 보니 손익 부분은 소홀했던 것 같습니다.
실장:	그래요…. 매출 실적을 위해 거래선과 소통하랴 생산 일정 맞추랴 노력한 이책임님 모습이 눈에 선하네요. 손익 관리에 대한 아쉬움도 느껴지고요. (침묵)
	(감정적 공감 후 침묵을 활용하여 더 많은 표현을 이끌어냅니다.)
실원:	그렇죠~ 손익 악화는 결국 저희 실의 목표에도 영향을 미치니까요. 앞으로는 가격 조정에 대해 더 신중히 접근하고 손익도 함께 챙겨봐야겠다는 생각이 듭니다. 신경 써주셔서 감사합니다.

구성원 스스로 문제를 더욱 분명히 인식하고 대화에 참여하도록 만든 면담 역량들은 아래와 같습니다.

1) 수치를 직접 말하지 않고 시각적으로 확인하게 함

구성원이 스스로 결과를 보고 느낄 수 있도록 수치를 직접 보여주는 방식을 사용했습니다. 이는 중립적이며, 구성원의 자발적 감정을 이끌어내기 좋습니다.

2) 열린 질문으로 구성원의 생각을 이끌어내기

"어떻게 생각하세요?", "또 어떤 생각이 드나요?" 등의 열린 질문을 활용하여 구성원이 자신의 상황에 대해 더 깊이 이야기할 수 있도록 유도했습니다.

3) 구성원의 감정적 표현 반복 및 공감하기

구성원이 언급한 감정적 표현(허무하고, 속상하고 등)을 다시 언급하여 구성원의 감정을 잘 이해하고 있음을 보여주었습니다. 이를 통해 구성원과의 공감지수를 높이고, 편안한 대화를 이어갈 수 있었습니다.

4) 침묵의 활용

구성원의 표현 후, 침묵을 활용하여 더 많은 감정적 표현을 이끌어냈습니다. 침묵은 상대방이 더 깊이 생각하고 이야기할 수 있는 시간을 주는 중요한 도구입니다.

Phase 3. 대화의 마무리: 구성원 인정하기 vs 구성원 달래기

Before

실장:	사실… 보면 선적항 및 도착항 등 배송 조건 확정 후에는 가격 조정의 비율이 5%밖에 안 되거든요.
실원:	아…
실장:	나머지 95%는 거래선의 요구가 다양함에도 불구하고 잘 대응하신 겁니다. 저는 그렇게 생각해요.
실원:	잘해야 되는데…
실장:	잘하고 계시잖아요, 지금.
실원:	(웃음)
실장:	제가 작년도 자료를 월별로 한번 봤거든요.
실원:	네.
실장:	보니까 공통적인 사항이 좀 있어요. '프로모션 가격 반영'… 이게 좀 금액이 많더라고요. 특정 거래선 대상으로 진행한 프로모션 중에 가격 할인이 좀 임박해서 정해진 건들이었죠?
실원:	맞아요.

 개선 Point

1) 인정하기 vs 달래기

리더님의 '95%는 잘했다.'라는 인정의 메시지가 구성원에게 잘 전달되고 있나요? 구성원이 '잘 해야 되는데…'라고 답한 것을 보면, 전달이 잘되지 않고 있습니다. 이유가 뭘까요? 구성원을 제대로 인정하는 것과 달래는 것은 다릅니다. 지금 리더님은 구성원의 사기가 떨어질까 염려되어 달래고 계신 것입니다. 여기서 핵심은 구성원이 스스로 수용해야 비로소 인정된다는 것입니다.

2) 구성원이 먼저 언급하도록!

'프로모션 가격 반영'이라는 단어가 리더님보다 구성원의 입에서 나오는 것이 좋겠지요? 구성원이 무언가를 먼저 언급한다는 것은 스스로 성찰을 시작하게 된다는 의미입니다. 구성원이 먼저 언급하면, 스스로 문제의 원인을 파악하며 많은 표현을 할 수 있는 기회가 마련됩니다. '열린 질문'과 '침묵'을 통해 리더님이 하고 싶은 말씀을 구성원이 먼저 언급하도록 촉진해 보세요.

 After

실장:	그래요, 책임님이 거래선과 소통하면서 가격 조정을 해야 하는 건들 전체를 봤을 때, '배송 조건 확정 후 가격 조정' 관련 건들은 전체의 몇 퍼센트 정도일까요?
실원:	글쎄요… 한 10% 정도요?
실장:	가격 조정 건들 전체를 100으로 봤을 때, 항구에 이미 제품이 도착한 이후인데도 거래선이 억지를 부려 가격을 할인하게 되는 건들 외에도 다양한 부분이 있잖아요. 예를 들어, 시너지 효과를 내기 위해 타 사업부 제품과의 패키지 판매가 성사되어서 저희 제품을 더 할인해서 판매할 수 있게 되었다든지 하는 건들도 생각보다 많으니까요. (아이컨택, 침묵) 어떻게 생각하세요? (사용된 기술: 침묵을 사용하여 구성원이 스스로 생각을 정리할 시간을 부여)
실원:	아… 그렇네요. 그럼 한 5% 정도 되겠어요.
실장:	그래요. 그럼 나머지 95%의 가격 조정 건들에 대해서는 어떻게 생각하시나요?
실원:	음… 나쁘지 않은 것 같긴 해요.

실장:	그래요. 예상치 못한 손실을 가져온 손익이 발생한 건들도 있었지만 나머지 95%의 가격 조정 건들은 결국 책임님의 성실함과 노력 덕분에 잘 관리되고 있어요. 제가 책임님이 거래를 진행하시는 걸 볼 때마다 스스로 목표도 설정하고, 거래선의 요구에도 항상 최선을 다하는 모습을 자주 보았어요. (침묵) 어떻게 생각하세요? (구성원의 노력과 강점을 인정한 후, 구성원이 스스로 수용하는지 확인하기 위해 열린 질문 '어떻게 생각하세요?' 사용)
실원:	아… 그 정도까지는 생각 못 하고 닥치는대로 일을 하고 있었는데… 실장님 말씀 들으니 맞는 것 같아요. 목표를 세우고 노력하는 편이에요. 얘기 나누다 보니… 좀 아깝다는 생각도 드네요. 아무리 5% 정도 밖에 안된다고 해도 손익에 악영향을 주는 일이 있어서는 안되죠.
실장:	그리고… 제가 작년 자료를 월별로 한번 봤거든요.
실원:	네.
실장:	자, 보시겠어요? 데이터를 보니까 어떤 생각이 드세요? (열린 질문으로 구성원이 먼저 언급할 기회를 제공하여 스스로 성찰하게 유도)
실원:	음… 8~9월에 배송 조건 확정 후에도 가격 조정으로 인한 손익 악화가 많네요. 사실 거래선이 강하게 가격 할인을 요구해서 별도의 프로모션을 부랴부랴 진행하는 바람에 예상 대비 손익이 안 좋아졌었습니다.
실장:	(침묵) 그렇군요… (침묵을 통해 구성원이 더 많은 표현을 하도록 유도)
실원:	네… 계약 후에는 철저하게 가격 방어를 해야 하는데 비중이 높지 않은 거래선을 자의적으로 판단해서 고객의 요구사항에 적절하지 대응하지 못한 부분 때문인 것 같아요.

팀원의 우수한 행동들을 인정함으로써 팀원 스스로 부족한 부분을 분명히 인지하면서도 동시에 응원과 격려를 많이 받아서 대화 상황을 긍정적으로 전환시킬 수 있었던 면담 역량들은 아래와 같습니다.

1) 침묵 사용하기

리더가 대화를 진행하는 도중 침묵을 통해 구성원이 스스로 생각할 시간을 가지게 했습니다. 이는 구성원에게 자신의 생각을 정리하고 더욱 많은 것을 표현할 기회를 제공합니다.

2) 열린 질문을 사용하여 구성원의 표현을 촉진

리더는 '어떻게 생각하세요?'와 같은 열린 질문을 사용하여 구성원이 자신의 생각을 직접 표현할 수 있도록 했습니다. 이는 구성원이 문제를 스스로 인식하고 개선 방향을 찾도록 돕는 중요한 역량입니다.

3) 강점 인정하기

구성원의 업무 성과에 대해 구체적으로 언급하며 강점을 인정했습니다. 이 과정에서 리더는 구성원의 성과를 중립적이고 명확하게 설명하며 인정했고, 이는 구성원이 긍정적으로 수용할 수 있게 되는 데 중요한 역할을 했습니다.

4) 구성원이 먼저 언급하도록 유도

리더는 '프로모션 가격 반영'이나 '배송 완료 이후 가격 조정'과 같은 문제를 직접 언급하기보다, 열린 질문과 침묵을 통해 구성원이 먼저 언급하도록 유도했습니다. 이는 구성원이 스스로 성찰하게 하고, 문제의 원인을 직접 표현하도록 함으로써 스스로 책임감을 느끼고 개선할 기회를 마련하는 방식입니다.

성과에 대한 피드백은 리더에게 가장 힘들면서도 또한 가장 많이 하게 되는 대화이기도 합니다. 모든 사례를 포함할 수 없었지만 그럼에도 불구하고 "성과"라는 민감한 주제를 가지고 대화할 때 필요한 기본적인 기술들을 실제 사례와 함께 익히실 수 있었을 것입니다. 본 챕터를 마무리하고, 본격적인 팀원의 성장을 돕고, 고충을 해결하는데 사용되는 대화의 기술들을 다음 챕터에서 살아있는 예시와 함께 배워보도록 하겠습니다.

소통의 기술! 한번 적용해볼까요?

1. 팀원이 단답형으로 반응할 때, 리더가 효과적으로 대화를 시작하기 위해 사용할 수 있는 방법은 무엇인가요?

(Tip! 열린 질문을 통해 팀원이 감정을 표현할 수 있도록 하고, 팀원의 말에 침묵으로 응답하여 생각할 시간을 제공하세요.)

2. 팀원이 변명하거나 방어적인 태도를 보일 때, 리더로서 어떻게 대응하는 것이 좋을까요?

(Tip! 팀원의 노력을 인식하고 긍정적인 측면을 강조하며, 수용적인 언어로 공감을 표현하세요.)

3. 대화를 마무리할 때 팀원의 배려 멘트를 인정해야 하는 이유는 무엇일까요?

(Tip! 팀원의 배려를 인정함으로써 신뢰를 강화하고, 팀원이 리더와의 대화에서 긍정적인 감정을 가질 수 있도록 합니다.)

5장.

성장 지원 면담의 실제와 응용

5장.
성장 지원 면담의 실제와 응용

리더의 팀원 관리에서 가장 중요한 두 가지는 바로 팀원이 자신의 업무를 수행하면서 경력을 더욱 개발해나가는 것을 돕는 "성장 코칭"과 업무 수행 중에 발생한 여러 가지 어려운 일들을 해결할 수 있도록 지원하는 "고충 상담"이라고 할 수 있습니다. 이 장에서는 팀원의 성장을 돕고 고충을 상담하여 해결하도록 지원하는 면담의 실제 사례를 살펴보며 구체적인 대화의 기술을 적용해보도록 하겠습니다.

상황1.

당신은 전사 디지털 혁신을 책임지는 디지털 혁신팀의 리더입니다. 최근 전사적으로 시행된 AI 활용 역량 평가에서 당신의 팀이 가장 저조한 성적을 받았습니다. 이런 상황에서 당신은 팀원들에게 단순한 잔소리나 지적이 아닌, '피드백'을 통해 스스로 성장에 대한 동기를 다시 부여하고 구체적인 실천 방법까지도 생각해보도록 촉진해야 합니다.

Phase 1. 대화의 시작: 의심과 경계의 벽 허물기

Before

팀원:	이번에 AI 활용 역량 평가를 봤는데요. 저희 팀이 이번에도 성적이 가장 저조했어요. 그래서 다른 팀원들이 자신감이 없고 속상해하더라고요. 저한테도 미안하다고 하고요. 저는 괜찮다고, 우리 다같이 다시 파이팅하자고 했어요. 웃으면서 분위기 풀어주려고도 했고요. 지금은 괜찮은데, 솔직히 속상하기는 했어요.
팀장:	그래, 네가 속상한 부분이 있겠지만, 그래도 팀 분위기를 챙기면서 모두를 다독여 주고, 긍정적인 분위기를 만들어가려는 모습은 네가 잘하는 점이야.

개선 Point

1) 팀원의 노골적인 감정 표현! 이때, 어떻게 할까요?

면담 중 팀원이 감정을 빈번하게 표현한다면, 가볍게 넘어가지 말아야 합니다. 대신 그 감정에 대해 꼭 '공감하기'를 진행해 주세요. 이러한 접근은 업무적 신뢰를 돈독하게 하는 데 굉장히 도움이 됩니다. "~~(감정)이 느껴지네. + (침묵) + 어때?" 와 같은 방식으로 공감을 표현해주세요.

2) '이런! 팀장님이 내게 무슨 일을 또 시킬 것 같은데?'라는 태도로 경계하는 팀원에게는?

여러분이 방금 보신 마지막 대화 멘트 이후, 팀원은 어떤 생각을 할까요? 직무와 관련된 평가가 좋지 않았음에도 칭찬하는 리더의 태도에 팀원은 '이렇게 칭찬하시는 걸 보니… 무슨 일을 또 시키려는 것 같아… 이야기 괜히 했다'라는 생각을 하기 쉽습니다.

팀장님의 어설픈 칭찬은 팀원으로 하여금 '의심'을 만들곤 합니다. 이렇게 칭찬을 부담으로 받아들인다면, 더 이상 해당 팀원들은 팀장님에게 다가가지 못하게 될 것입니다. 어설픈 칭찬 대신 바르게 '인정하기'를 진행해 주세요. 팀원이 전혀 의심 없이 칭찬을 수용할 수 있도록 진정성은 기본입니다! 더불어, 꿀TIP! 팀원이 했던 말을 직접적으로 인용해주세요. "그래~ 그런 상황에서도 괜찮다, 파이팅하자라고 했었구나" 라는 식으로 말이죠.

 After

팀원:	이번에 AI 활용 역량 평가를 봤는데요. 저희 팀이 이번에도 성적이 가장 저조했어요. 그래서 다른 팀원들이 자신감이 없고 속상해하더라고요. 저한테도 미안하다고 하고요. 저는 괜찮다고, 우리 다같이 다시 파이팅하자고 했어요. 웃으면서 분위기 풀어주려고도 했고요. 지금은 괜찮은데, 솔직히 속상하기는 했어요.
팀장:	그래… AI 평가에서 저조한 성적을 받은 게 너한테도 충격이었을 거야. 괜찮다고는 하지만… 아직 속상함이 느껴져. (침묵) 어때? (팀원의 감정 표현에 대해 1차 공감하기를 통해 진정한 이해를 표현)
팀원:	네 맞아요, 팀장님, 사실 아직도 속상하긴 해요. 제가 명색이 전사 디지털혁신을 담당하는 팀 소속인데 우리 팀이 저조한 성적을 받았다는 게….
팀장:	(침묵) 그래, 그렇게 속상한데도 불구하고 괜찮다, 파이팅하자고 하고, 팀원들 사기를 돋우려고 하는 모습에서 네가 주어진 역할에 최선을 다하고 있다고 생각해. 그리고 팀원들을 진심으로 대하고 있다는 생각도 들고. (침묵) 어떻게 생각해? (구성원이 했던 말을 직접적으로 인용하여 2차 인정하기를 통해 구성원이 자신의 노력을 스스로 되돌아보도록 유도)

팀원:	아, 팀장님, 그렇게 봐주셔서 감사해요. 사실 제가 디지털 혁신팀 소속인 이상 우리 팀의 역량이 더 발전했으면 좋겠거든요.
팀장:	네가 그렇게 생각하고 최선을 다하는 게 정말 멋져. 어떻게 하면 우리 팀이 AI 관련 역량을 더 키울 수 있을까?
팀원:	음… 지금보다 더 시간과 노력을 들여야 할 것 같긴 해요. 이번 기회에 저도 AI 활용에 대한 실질적인 공부를 좀 더 많이 해볼 생각이에요. 팀원들과도 같이 스터디를 만들어 볼까 싶어요.
팀장:	와! 멋진 생각이다. 스터디를 만들어서 서로 피드백도 주고받으면 다같이 성장이 가능할 거야. 네게도 도움이 될 거고, 다른 팀원들에게도 큰 힘이 되겠는걸.

1) 1차 공감하기

　팀원이 자신의 감정을 노골적으로 표현할 때, 이를 가볍게 넘기지 않고 충분히 공감합니다. 팀장이 '그래… AI 평가에서 저조한 성적을 받은 게 너한테도 충격이었을 거야. 괜찮다고는 하지만… 아직 속상함이 느껴져.'와 같이 팀원의 감정을 이해하고 받아들이는 모습을 보입니다. 이는 팀원에게 정서적인 지지를 제공하며 신뢰를 쌓는 데 도움이 됩니다.

2) 팀원의 발언 직접 인용

　팀원이 했던 말을 팀장이 다시 인용하여 대화에 사용합니다. "그래, 그렇게 속상한데도 불구하고 괜찮다, 파이팅하자고 하고…"와 같이 팀원의 말을 팀장이 다시 언급함으로써 팀원이 자신의 노력과 감정을 인정받는 느낌을 받도록 돕습니다. 이는 팀장의 칭찬이 진정성 있게 전달되도록 하며, 팀원이 팀장의 말을 의심 없이 수용하게 만듭니다.

3) 침묵을 통한 자기 성찰 유도

팀장은 침묵을 사용하여 팀원이 자신의 생각을 정리하고, 스스로 감정을 표현하도록 시간을 제공합니다. 침묵은 팀원에게 자신의 감정을 되돌아보며 보다 깊이 있는 성찰을 할 기회를 주는 중요한 기술입니다.

4) 구체적인 실천 방향 제안

팀장은 단순히 칭찬과 인정에서 끝나지 않고, 성과를 개선하기 위한 구체적인 실천 방향을 함께 생각하도록 유도합니다. "이번에는 우리가 어떻게 하면 AI 활용 역량을 더 키울 수 있을지 함께 생각해 보면 어떨까?"와 같은 대화는 팀원이 성장할 기회를 제공하며, 실천으로 이어지도록 합니다.

이러한 접근 방식을 통해 팀원이 자신의 감정을 충분히 표현하고, 팀장의 진정성 있는 인정과 구체적인 피드백을 받으며, 스스로 동기를 느끼고 발전할 수 있도록 돕는 대화가 이루어질 수 있습니다.

Phase 2. 대화의 전개 및 마무리: 잔소리가 아닌 진짜 '조언'하기

Before

팀원: 이번에 평가 전 준비할 때 이미 평가를 치른 다른 팀으로부터 AI 퀴즈들을 받아왔던 것이 준비하는 데 도움이 많이 되었었어요. 근데, 팀원들이 무조건 저한테만 의존하면서 물어보려고 하더라고요. 그냥 찾아보지도 않고요.

팀장: 음, 의존하면서…

팀원: 네, 여러 번 물어봤던 것도 또 묻고, 반복하는 경우가 많아요. 자기가 직접 찾아보면 더 확실히 기억에 남을 텐데요…

팀장: 그러면, 그렇게 물어볼 때 바로 답을 주기보다, 어떻게 찾을 수 있는지 경로나 검색 키워드를 알려주는 게 어때? 챗GPT 등 실제로 AI tool을 활용하는 방법을 구체적으로 알려줄 수도 있겠고… 네가 바로 답변을 해주면 그 친구들이 그 순간에만 답을 얻고 끝나잖아. 그리고 자주 물어보는 질문들은 간단하게라도 그때그때 노트에 정리해두라고 권해보는 것도 방법일 것 같아. 어때?

팀원: 아, 음… 노트관리… 좋은 생각 같긴 한데요. 그런데 팀원들이 과제로 생각하고 안 하려 할까 봐서 걱정이긴 해요. 그래도 시도해 보면 좋을 것 같아요.

 개선 Point

1) 조언하는 방법

맹목적 조언은 하지 않는 것이 좋습니다. 상대방에게 잔소리로 느껴질 수 있기 때문입니다. 조언은 상대방으로 하여금 저항 감정을 불러일으킬 수 있습니다. 하지만 업무적으로 반드시 조언해야 할 상황은 발생합니다. 그렇다면 어떻게 해야 현명하게 조언할 수 있을까요? 팀원이 팀장의 조언을 필요로 해야 조언은 그 가치가 높아집니다. 이를 위해 조언을 하시기 전에 반드시 팀원으로부터 동의를 얻으세요. '내게 아이디어가 있는데, 원하면 말해줄 수 있다'라고 해서, 팀원으로부터 '원한다. 조언해 달라'라는 니즈를 끌어올리시길 권합니다. 최소한 이 정도의 동의는 얻고 팁을 주셔야 팀원이 저항 감정 없이 팀장의 이야기에 귀를 기울일 것입니다.

 **After**

팀원: 이번에 평가 전 준비할 때 이미 평가를 치른 다른 팀으로부터 AI 퀴즈들을 받아왔던 것이 준비하는 데 도움이 많이 되었었어요. 그런데, 팀원들이 무조건 저한테만 의존하면서 물어보려고 하더라고요. 그냥 찾아보지도 않고요.

팀장: 음, 의존하면서…
(GOOD! 곧바로 의견을 말하기보다 팀원의 말을 경청하고 있음을 자연스럽게 표현)

팀원: 네, 여러 번 물어봤던 것도 또 묻고, 반복하는 경우가 많아요. 자기가 직접 찾아보면 더 확실히 기억에 남을 텐데요…

팀장: (침묵) 음… 그렇구나. 어떻게 하는 게 좋을까?

팀원: 음… 사실 이것저것 해봤는데 잘 안 돼서 고민이에요.

팀장: 그래… 내가 아는 팁이 하나 있는데, 네가 원하면 말해줄 수 있어. 어때?
(팁을 줄 때는 반드시 팀원의 동의를 얻고 조언을 해주세요. 맹목적이고 동의 없는 조언은 팀원이 흡수하기 어렵습니다.)

팀원: 네, 원해요. 알려주세요.

팀장: 하하, 그래… 음, AI 역량 퀴즈와 관련해서 자주 물어봤던 질문들은 노트에 정리해 두고, 그것을 팀원들이 활용할 수 있도록 하는 거지. 그리고 처음에는 바로 답을 주기보다 검색 키워드나 찾는 경로를 알려주는 것도 좋겠고. 아예 챗GPT 같은 AI Tool 사용 방법도 전파해줄 수도 있고. 어떻게 생각해?

팀원: 아, 노트 관리… 좋은 방법 같아요. 근데 팀원들이 과제로 생각하고 안 하려 할까 봐서 걱정이긴 해요. 그러니까 제가 처음에 정리해서 공유하고, 그 후에 도움이 된다고 생각하는 팀원들에게 활용하라고 권하는 것도 좋은 방법이 될 것 같아요.

팀장:	팁이 도움이 되는지 모르겠네.
팀원:	완전 도움 되죠, 팀장님. 주신 팁에 제 생각을 얹으니까 아이디어가 떠오르네요. 감사해요.

1) 경청 후 자연스러운 미미킹(Mimicking)

팀장이 팀원의 이야기를 경청한 후에 곧바로 자신의 의견을 말하지 않고, 팀원이 했던 말 중 핵심이 되는 키워드를 자연스럽게 언급합니다. '음, 의존하면서…'라는 방식으로 미미킹(Mimicking)합니다. 이는 팀원이 자신의 이야기를 더 많이 하도록 촉진하며, 리더가 경청하고 있음을 자연스럽게 보여줍니다.

2) 침묵을 통한 자기 성찰 촉진

팀장은 팀원이 자신의 문제를 더 깊이 생각할 수 있도록 침묵을 사용합니다. "어떻게 하는 게 좋을까?"라고 질문하며 팀원이 스스로 해답을 찾도록 시간을 주고, 이로 인해 팀원은 문제 해결에 대한 자기 성찰의 기회를 얻게 됩니다.

3) 조언 전에 동의 얻기

조언을 주기 전에 팀원으로부터 명확한 동의를 얻습니다. '내가 아는 팁이 하나 있는데, 네가 원하면 말해줄 수 있어. 어때?'와 같은 질문을 통해 팀원이 진정으로 도움을 받고자 하는 상황을 만듭니다. 이는 맹목적인 조언보다 훨씬 효과적이며, 팀원이 저항 없이 내용을 받아들이게 합니다.

4) 팀원의 발언 직접 인용

팀장이 팀원의 말을 직접 인용하면서 인정과 조언을 진행합니다. 팀원의 말을 인용하는 것은 팀원이 자신의 발언이 경청되고 이해받았다는 느낌을 가지게 하며, 리더의 피드백을 신뢰하도록 돕습니다.

5) 구체적인 실행 방안 촉구

팀장과 팀원이 함께 실행할 수 있는 구체적인 방안이 언급되도록 합니다. 팀장이 맹목적 지시가 아닌 자신의 의견으로서 팀원에게 노트 관리 방법과 검색 키워드의 활용에 관해 언급함으로써 실질적인 실행 방안이 촉진되어 팀원의 실행을 구체화하는 데에 도움을 줍니다.

이러한 접근 방식을 통해 팀원이 자신의 감정을 충분히 표현하고, 팀장의 진정성 있는 조언과 실천 방안을 받아들여 자발적으로 성장할 기회를 제공합니다.

상황2.

당신은 프랜차이즈 가맹점들을 관리하는 팀의 팀장입니다. 가맹점주들로부터 많은 불만과 부정적인 피드백을 받는 신입 팀원이 지나치게 위축되어 업무를 어떻게 해나가야 할지 갈피를 잡지 못하고 있습니다. 당신은 그런 팀원에게 일을 잘해 나갈 수 있도록 의욕을 불러일으켜야 할 뿐 아니라 일을 잘할 수 있는 실제적인 피드백도 해줘야 합니다.

Phase 1. 대화의 시작: 대화의 시작은 쉽고 편안하게!

Before

팀장:	오늘 오전에 통화할 때 어렵거나 그런 거 없었어?
팀원:	어려운 거요?
팀장:	응.
팀원:	어려운 건 아닌데… 그… 잘 모르는 내용에 대한 질문을 받았을 때 일단 확인해보고 답변 드리겠다고 하고 전화를 끊으면 그게 좀 신경이 쓰여요. 그래서 가맹점주분들께 거꾸로 관리되어야 하는 내용을 전달할 때 오히려 잘 전파가 되지 않는 그런 것도 있고…
팀장:	그래? 평소의 나는 점주분들의 다양한 목소리를 들어주는 일을 주로 담당하는 팀장이니까, 점주분들과 소통할 때 네가 케어하기 힘들거나 당장 답변하기 어려운 게 있었어?
팀원:	음… 점주분들의 불만에 대응하는 게 제일 어려운 것 같아요.

개선 Point

1) 대화의 시작은 쉽고 편안하게!

대화의 시작 단계에서 '애로사항(어려운 부분 말해라)'부터 질문한다면, 이는 과한 접근이 될 수 있습니다. 특히 '어려운 부분 말해봐'라고 하면 상대방은 그에 대한 답변만 생각하게 됩니다. 어려운 부분을 찾기 위한 노력을 하게 되겠죠. 정말 애로사항에 대한 대화를 나누고 양질의 답변을 얻고자 한다면, 자연스럽게 대화를 나누는 과정 안에서 팀원이 먼저 애로사항을 이야기할 수 있도록 편안하고 쉽게 접근해 주세요.

예를 들어, '오늘 오전 어떻게 보냈어?'라는 질문으로 팀원이 자연스럽게 경험한 모든 일을 생각할 수 있게 하세요. 그 안에는 좋은 부분도, 어려운 부분도 포함될 것입니다.

2) 가맹점주의 불만에 대한 면담만 진행할 필요는 없다

팀장은 가맹점주들의 불만이나 요구사항들을 관리하는 사람이기 이전에 팀을 이끄는 리더입니다. '나는 가맹점 관리팀장이니까 팀원이 전하는 가맹점주로부터의 불만이나 요구사항을 해결하는 것에만 초점을 맞춰야지'라고 스스로를 제한하지 말고, '나는 리더다. 팀원의 무엇이든 경청할 수 있다'라고 인식해 주세요.

그렇게 인식이 변화하면 팀장의 '질문의 질' 역시 달라집니다. 어떻게 하냐고요? '요즘 업무 어때?' '지금 잠깐 이야기했던 그 부분은 어떻게 되고 있어?'와 같은 열린 질문을 활용해 보세요.

 After

팀장:	오늘 오전 어떻게 보내고 있어?
	('어려운 부분 말해봐'라고 하면 팀원이 그에 대한 답변만 생각하게 되니 시작은 쉽고, 편안하게.)
팀원:	오전에요? 영등포 가맹점에서 요청한 게 있었는데 추가 확인이 좀 필요해서 다시 연락 하겠다고 약속해놓은 건이 하나 있었고, 나머지 가맹점들과의 소통은 괜찮았어요.
팀장:	아, 괜찮구나…
	(팀원이 괜찮다고 했을 때, 대부분 팀장들은 그 말을 듣고 바로 피드백을 시작하는 경우가 많습니다. 이때는 팀원의 생각을 더 듣기 위해 열린 질문을 추가하는 것이 중요합니다.)
팀원:	네~
팀장:	요즘 업무는 어때?
	(열린 질문으로 팀원이 더 많이 표현할 수 있게 유도합니다.)
팀원:	음… 팀장님도 잘 챙겨주시고, 모르는 것도 잘 알려주시고… 그런데 오전처럼 점주분들이 확인해주길 바라는데 바로 답을 못드린 건이

	생기면 그게 신경 쓰여서 다른 업무 처리 속도까지도 느려지는 부분이 좀 걱정이에요. 그거 말고는 괜찮아요.
팀장:	그렇구나. 가맹점마다 다 응대하면서 내부 업무까지 배우느라… 약간 마음에 부담감이 느껴지는데… (침묵) 어때? ('공감하기 활용', 팀원이 팀장에게 신뢰감을 갖게 하고 스스로의 감정을 표현하도록 도와줍니다.)
팀원:	맞아요. 요즘 가맹점 실적도 더 올려야 하는 시기라서 부담이 좀 되고 있어요.
팀장:	그래, 지금 잠시 이야기했던 영등포 가맹점에서 들어온 확인 요청 건은 어떻게 하고 있어?
팀원:	관련 부서에 메일 보내놓고 아직 기다리는 중이에요. 4시 이전에 회신이 없으면 제가 직접 담당자를 찾아가서 확인해보려고 합니다.

1) 편안한 대화 시작

팀장은 대화의 시작에서 '어려운 부분'을 직접적으로 묻지 않고, 팀원이 자유롭게 생각할 수 있는 질문을 던졌습니다. '오늘 오전 어떻게 보내고 있어?'라는 질문은 팀원이 자신에게 일어난 일을 자유롭게 이야기할 수 있도록 유도합니다.

2) 팀원의 말을 경청하며 추가 질문

팀장이 팀원의 대답을 듣고 즉각적인 피드백이나 조언을 주기보다 팀원이 더 많은 생각을 표현할 수 있도록 열린 질문을 추가합니다. 이를 통해 팀원은 자신의 상황을 더 구체적으로 설명하고, 대화의 주도권을 가질 수 있게 됩니다.

3) 감정 공감하기

팀장이 팀원의 감정을 공감해 주며 부담을 느끼는 점을 확인합니다. '마음에 부담이 느껴지는 것 같은데… (침묵) 어때?'라는 질문을 통해 팀원의 감정을 인정하고, 스스로 그 감정을 더 깊이 표현할 기회를 제공합니다.

4) 열린 질문을 통한 자기 표현 유도

팀장은 팀원이 스스로 상황을 설명하고 해결책을 찾을 수 있도록 열린 질문을 활용합니다. 이는 팀원이 자신의 생각을 정리하고, 해결책을 찾도록 돕는 효과가 있습니다.

5) 업무와 관련된 구체적 질문

팀장이 팀원에게 업무와 관련된 구체적인 질문을 던짐으로써 진행 상황을 파악하고, 팀원이 실질적인 업무 목표를 생각할 수 있도록 유도합니다. '확인 요청 건은 어떻게 하고 있어?'라는 질문은 팀원의 업무 집중도를 높이고, 대화가 실질적인 문제 해결로 이어지도록 도와줍니다.

대화의 시작을 쉽고 편안하게 했기 때문에 팀원이 자신의 업무와 감정에 대해 충분히 표현할 수 있게 되었다는 사실을 꼭 기억하세요!

Phase 2. 대화의 전개: 침묵하면 더 많은 정보를 들을 수 있어요

Before

팀원:	어… 점주분들의 불만을 상담하는 게 제일 힘든 것 같아요.
팀장:	아, 그래?
팀원:	네 특히 저의 전임 담당자가 처리해 놓은 건데 저한테 오히려 왜 이런 식으로 일을 하냐고 하면 제가 사과할 수밖에 없고, 그런 게 참 힘들어요.
팀장:	그렇지~ 네가 잘못한 게 아닌데, 이전 담당자가 잘못 처리한 것 때문에 내가 사과해야 하는 상황이 있지.
팀원:	그리고 그 반대도 무서워요. 제가 담당하는 지역이 변경되고 난 후에 똑같이 저 때문에 후임 담당자가 힘들어진다면, 그 사람한테 미안한 마음이 들 것 같아서요.
팀장:	그렇지, 그래서 그런 것들이 담당하는 모든 가맹점의 상황을 꼼꼼히 체크해야 하는 이유가 되기도 하지.

개선 Point

1) 구성원의 감정에 집중!!

팀원은 불만 상담이 힘든 이유를 솔직하게 말하고 있습니다. 이때는 팀원이 말하는 내용보다 팀원의 감정에 대한 '공감하기'를 우선 진행해 주세요. 예를 들면 "꼼꼼하게 최선을 다하고자 하는 마음이 느껴져~ 어때?" 와 같은 표현을 사용하시는 것도 좋습니다.

2) '침묵'하면 더 많은 정보를 들을 수 있어요

팀원의 이야기가 끝나자마자 바로 말을 시작하는 것은 팀원의 깊은 감정을 들을 기회를 놓치는 것입니다. 침묵을 유지하면 팀원이 더 많은 이야기를 자연스럽게 하게 됩니다. 침묵을 통해 팀원의 감정, 의도, 정보들을 더 잘 알 수 있습니다.

 After

팀원:	어… 점주분들의 불만을 상담하는 게 제일 힘든 것 같아요.
팀장:	아, 불만 상담이…
팀원:	네 특히 저의 전임 담당자가 처리해 놓은 건데 저한테 오히려 왜 이런 식으로 일을 하냐고 하면 제가 사과할 수밖에 없고, 그런 게 참 힘들어요.
팀장:	아… 그런 게…
팀원:	그리고 그 반대도 무서워요. 제가 담당하는 지역이 변경되고 난 후에 똑같이 저 때문에 후임 담당자가 힘들어진다면, 그 사람한테도 미안한 마음이 들 것 같아서요.
팀장:	(침묵)
	(이 타이밍에서 팀장의 조언보다 침묵을 유지하여 팀원이 더 많은 이야기를 꺼내게 도와줍니다.)
팀원:	그렇잖아요. 그 사람 잘못도 아닌데, 괜히 제가 제대로 일 처리를 못해서 저 대신 고객에게 불만을 들으면… 너무 미안할 것 같아요.
팀장:	아~ 그래, 그렇구나. 이전 담당자가 처리해 놓은 일로 인해 불만을 겪을 때 마음이 힘들고, 반대로 네가 해 놓은 일로 후임이 힘들어지지는 않을까 하는 생각도 있구나. 그래서 무섭고 미안한 마음이 들 것 같다고 말하는 걸 보니, 네가 업무에 대해서 정말 신중하게 접근하고 있다는 게 느껴지네. 어때?
	(팀원의 감정에 집중하고 공감하기 진행)
팀원:	맞아요, 팀장님…

팀장:	그럼에도 불구하고 네가 그런 마음을 갖고 있으면서도 동료들에게 피해를 주지 않으려고 최선을 다하는 모습에서, 네가 얼마나 신중하고 책임감 있게 일하고자 하는지 느껴져. (침묵) 어때?
	(팀원의 감정을 충분히 인정하고, 긍정적인 강점을 강조함으로써 자존감을 높여주는 접근)
팀원:	감사합니다, 팀장님. 제가 잘하려고 하는 마음은 있는데, 가끔 이렇게 어려운 상황이 오면 조금 위축되기도 해요.
팀장:	그래~ 그렇구나. 어떻게 하면 네 마음이 나아질 수 있을까?
	(팀원이 스스로 문제를 해결할 수 있도록 질문하여 생각할 기회를 줌)
팀원:	음… 아마도 예상되는 문제에 대한 대처 방안을 더 잘 준비하는 게 도움이 될 것 같아요. 예를 들어서, 자주 발생하는 불만 유형이나 문제 해결 프로세스를 정리해 놓는 거요.
팀장:	그거 정말 좋은 생각이네! 자주 발생하는 문제들을 미리 정리하고, 해결 방안을 기록해 두면 마음이 훨씬 나아질 수 있겠네. 또 무엇이 있을까?
	(팀원이 스스로 해결책을 찾을 수 있도록 격려하고, 자각에 도움을 줌)

1) 편안한 대화 시작

팀장은 대화를 시작할 때 직접적으로 어려운 부분을 묻기보다는, 팀원이 자유롭게 이야기를 풀어낼 수 있도록 '아, 불만 상담이…'라고 말하면서 열린 질문을 유도했습니다.

2) 팀원의 말을 경청하며 추가 질문

팀장이 팀원의 대답을 듣고 곧바로 피드백하지 않고, 팀원이 더 많은 생각을 표현할 수 있도록 침묵을 유지하며 경청했습니다. 이를 통해 팀원이 자신의 감정을 더 깊이 표현하게 됩니다.

3) 감정 공감하기

팀장이 팀원이 언급한 말의 소재들을 고스란히 인용하고 표현하여 팀원으로 하여금 괴리감이 없도록 팀원의 감정을 공감했습니다. 이를 통해 팀원은 자신이 느낀 감정을 충분히 표현하고 팀장의 이야기들을 수용할 수 있었습니다.

4) 긍정적인 강점 강조하기

팀장은 팀원의 어려움에도 불구하고 최선을 다하려는 모습과 신중하고 책임감 있는 태도를 맥락적으로 인정하여, 팀원이 자부심을 느낄 수 있도록 했습니다. 이를 통해 팀원이 자신감을 되찾고 업무에 대한 의욕을 갖게 됩니다.

5) 해결책을 스스로 찾을 수 있도록 촉진

팀장은 팀원이 자신의 문제를 해결할 수 있는 방법을 스스로 찾도록 질문을 던졌습니다. 이를 통해 팀원은 스스로 해결 방안을 고민하고, 실제로 적용할 수 있는 아이디어를 제시했습니다. 또한 팀장은 한 단계 더 나아가 '또 무엇이 있을까' 하고 질문하여 팀원 스스로 내면에서 더 깊은 아이디어를 깨내어 볼 수 있는 기회를 마련하였습니다.

침묵은 아무것도 하지 않는 것이 아니라 생각보다 상대방이 많은 일들을 하도록 만듭니다. 대화 중 적절한 침묵을 통해 팀원이 스스로의 감정을 인식하고 표현하며, 문제 해결 방안을 찾도록 도와줄 수 있습니다.

Phase 3. 대화의 마무리: 리더님의 조언이 전해졌을까요?

Before

팀장: 업무적인 거 물어봐도 되고, 회사 내부적으로 평가나 직무 역량 개발 프로세스 등 뭐든지 물어보면 대답해 줄게. 조금만 더 마음에 여유를 가지고 해봐.

팀원: 네… 저도 나중에 나아질 거라는 건 알고 있지만, 지금을 버틸 수 있는지 잘 모르겠다는 생각이 들어요.

팀장: 그래도 네가 지금 노력하는 모습을 보면 충분히 이겨 낼 수 있을 거라고 본다.

팀원: 실수… 기본적인 실수를 안 해야 되는데…

팀장: 그건 더 꼼꼼해져야 되긴 하는데, 아까 말한 것처럼 너만의 체크리스트 만들어서 했는지 체크해보는 것도 좋은 방법이고, 네 성격은 네가 더 잘 알잖아?

팀원: 네.

 개선 Point

1) 리더님의 '조언'이 전해졌을까요?

팀원은 팀장의 갑작스러운 조언을 거부하기 쉽습니다. 이럴 때 좋은 방법 중 하나는 조언하시기 전 꼭 동의를 얻으시라는 것입니다. 예를 들면 "그 부분에서 도움이 되는 이야기를 해줄까 하는데, 어때?" 와 같은 표현을 사용해보세요. 하지만 이렇게 조언하셨음에도 불구하고 팀원은 짧고 퉁명스럽게 '네'라고 대답한다면 조언이 별 효과가 없었다는 증거입니다. 그럴 때 또 다른 방법이 있어요. 바로 '질문'을 통해서 다시 대화의 공간을 마련하고, 팀원의 답변에 '공감하기'를 진행하는 것입니다.

💡 After

팀장: 업무적인 거 물어봐도 되고, 회사 내부적으로 평가나 직무 역량 개발 프로세스 등 뭐든지 물어보면 대답해 줄게. 조금만 더 마음에 여유를 가지고 해봐.

팀원: 네… 저도 나중에 나아질 거라는 건 알고 있지만, 지금을 버틸 수 있는지 잘 모르겠다는 생각이 들어요.

팀장: 아~ 지금 버틸 수 있을지…

팀원: 네, 신입이라 시간이 지나면 좋아질 거라는 건 알지만, 지금 당장이 너무 힘들고 기본적인 실수를 계속하면 어떡하나 걱정돼요.

팀장: 지금 그 얘기하면서… 또 어떤 생각이 들어?
(바로 조언하기보다는 팀원의 생각을 충분히 들어보세요.)

팀원: 음… 걱정이 되면서도 사실 한편으로는 잘하고 싶은 마음이 있어요. 근데 그게 잘 안 되니까 속상하고… 어떻게 하면 실수를 안 할 수 있을까 하는 생각도 들고요.

팀장: (침묵) 실수에 대한 걱정을 하면서도… 맡은 일을 잘하려고 노력하고 있는 네 모습을 난 받아들여지는데… (침묵) 어때?
(공감하며 팀원의 노력에 집중)

팀원: 맞아요, 그렇죠… 그래서 더 버틸 수 있을지 고민했던 것 같아요. 노력해도 안 되는 것 같아서…

팀장: 그래, 그렇구나… 그렇다면 어떻게 하면 지금보다 실수를 좀 줄일 수 있을까?
(팀원이 자기 자신에게 조언할 수 있도록 질문을 던짐)

팀원:	음… 일단 매번 실수하는 부분들을 기록해두고, 체크리스트를 만들어서 자주 확인하는 게 좋을 것 같아요.
팀장:	아 그래~ 체크리스트를 만들어서 반복되는 실수를 줄여 나간다는 것이 매우 실질적인 방법이 될 수도 있을 거라 생각되는데, 어때?
팀원:	정말 그럴 것 같아요. 그리고 전체적으로 더 꼼꼼하게 신경쓰면 조금씩 나아질 수 있을 것 같아요.
팀장:	그래. 이 일을 위해 도움을 받는다면 누구에게 어떤 도움을 요청할 수 있을까?
	(팀원의 아이디어를 긍정적으로 평가하고, 후속 조치에 대해 스스로 고민하도록 함)

1) 편안한 대화 시작

팀장은 대화를 시작할 때 바로 조언하지 않고, 팀원의 고민을 듣고 공감하면서 대화를 풀어갔습니다. 이를 통해 팀원이 자유롭게 감정을 표현할 수 있는 환경을 조성했습니다.

2) 팀원의 말을 경청하며 추가 질문

팀장이 팀원의 대답을 듣고 즉시 피드백하기보다는, 팀원이 더 많은 생각을 표현할 수 있도록 침묵을 유지하며 경청했습니다. 이를 통해 팀원이 자신의 감정을 더 깊이 표현하게 됩니다.

3) 감정 공감하기

팀장은 팀원의 감정에 공감하며, '실수에 대한 걱정'과 '잘하고 싶은 마음'을 인정했습니다. 이를 통해 팀원은 자신의 감정을 충분히 표현하고 수용할 수 있었습니다.

4) 긍정적인 강점 강조하기

팀장은 팀원의 어려움에도 불구하고 최선을 다하려는 모습을 인정하고 칭찬했습니다. 이를 통해 팀원이 자신감을 되찾고 업무에 대한 의욕을 갖게 됩니다.

5) 해결책을 스스로 찾을 수 있도록 촉진

팀장은 팀원이 자신의 문제를 해결할 방법을 스스로 찾도록 질문을 던졌습니다. 이를 통해 팀원은 스스로 해결 방안을 고민하고, 실제로 적용할 수 있는 아이디어를 제시했습니다.

6) 후속 조치에 대해서도 스스로 고민하도록 유도

팀장의 조언에 의해 본인이 아이디어를 냈다 하더라도 해당 아이디어가 구체적인 행동으로 이어지기 위해서는 이후 해야 할 일들이 정의되어야 합니다. 팀장은 이를 위해 누구에게 문의해야 계속 이 아이디어가 실행력을 가질 수 있을지 물어봄으로써 지속적인 조치에 대한 고민하도록 유도했습니다.

조언한다는 것은 설사 부하직원이라고 할지라도 절대 쉬운 일이 아닙니다. 하지만 위에서 배우신 다양한 역량들을 활용하신다면 당신의 조언은 팀원이 스스로 해결책을 고민하고 구체화하며 지속하도록 만드는 데 큰 도움이 될 것입니다.

상황 3.

당신은 빌딩 관리 전문 회사가 관리하는 여러 건물 중 하나를 총괄하고 있는 현장 책임자입니다. 해당 건물은 연구소 건물로 다양한 설비가 있는 공간들을 목적과 용도에 따라 각각 다른 보안시스템으로 모니터링하고 있습니다. 연구소인 만큼 보안이 더욱 철저해야 하는데 한 팀원이 보안시스템의 계정 및 비밀번호를 종이에 적어놓고 자리를 비운 실수가 발생했습니다. 이로 인해 자신 뿐 아니라 팀 전체 평가가 낮아질 것에 대한 걱정으로 낙심해 있는 팀원에게 당신은 안정감을 주고 업무를 정상적으로 수행할 수 있도록 격려해주어야 합니다.

Phase 1. 대화의 시작: 구성원의 말 속에 어떤 '감정'이 느껴지나요?

Before

팀장:	요즘 좀 어때?
팀원:	요즘엔 별다른 거 없이 그냥 하루하루 보내고 있어요. 근데 아침에 일어나서 정신없이 준비하고 출근하면 금방 또 하루가 시작되고, 회사에 오면 정신없이 하루가 가버리고 하루가 너무 금방 지나가는 것 같아요.
팀장:	나도~ 하루가 너무 길어. 뒤돌아보면 누구보다 빨리 지나가더라고 나도… 그래서 내가 놓치는 것도 있고 그렇더라.

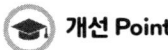 **개선 Point**

1) '나도' 대신에 '그래~'로 시작한다면?
'나도~'라는 말을 떼는 순간부터 팀장의 이야기를 장황하게 늘어놓게 되는 경우가 있죠. 팀원은 자신의 이야기에 반응하는 팀장을 원합니다. 방금 팀원이 한 이야기를 토대로 공감을 먼저 시도하시면 어떨까요?

2) 팀원의 말 속에 어떤 '감정'이 느껴지나요?
팀원의 이야기 속에 어떤 감정이 느껴지나요? '감정'을 알아차리고, 팀원에게 직접 '표현'하시길 권해드립니다. "그래~ 너의 이야기 속에서 분주한 마음이 느껴져. (침묵) 어때?" 라는 방식으로 접근한다면 좀 더 수월하게 팀원의 입장에서 느끼고 생각하실 수 있을 거예요. 더구나 이 팀원은 보안 상 실수로 인해 걱정이 많은 상태이기 때문에 더더욱 팀원이 느끼는 감정을 먼저 이해하시는 것이 중요합니다.

 **After**

팀장:	요즘 좀 어때?
팀원:	요즘엔 별다른 거 없이 그냥 하루하루 보내고 있어요. 근데 아침에 일어나서 정신없이 준비하고 출근하면 금방 또 하루가 시작되고, 회사에 오면 정신없이 하루가 가버리고 하루가 너무 금방 지나가는 것 같아요.
팀장:	그래~ 아침에 준비하고 출근하고 정신없이 하루가 금방 지나간다는 말을 들으니까, 네가 많이 분주하구나 하는 생각이 드네. (침묵) 어때? (따뜻한 마음으로 공감을 진행해주세요. 핵심은 '분주함'이라는 감정을 느끼고, 직접 표현하시는 겁니다!)
팀원:	그러게요. 맞아요. 제가 너무 분주하고 정신없이 지내고 있구나 싶어요. 팀장님이 제 마음을 알아차려 주시니까 제가 뭐 때문에 힘든지 명확하게 알 것 같아요. 이번에 시스템 계정 관련된 실수가 모든 원인인

	것 같습니다. 신경을 쓴다고 쓴 건데 결과가 이렇게 되니 마음이 분주하고 정신이 없었네요.
팀장:	(침묵) 그래~ 지금 또 어떤 생각이 들어?
팀원:	비록 실수가 있었지만, 이번 일을 계기로 더 철저히 관리하면 되지 않을까 하는 생각이요. 그리고 제가 신경 쓰는 만큼 이 건물의 보안이 유지될 수 있다는 사실이요.
팀장:	오! 말 속에 강직함이 느껴지는데? 내가 이미 알고 있던 네 책임감도 확 다가오고!
팀원:	아 그런가요. 지금 제가 하고 있는 업무가 정말 중요하다는 깨달음이 있었습니다. 이번엔 제가 조금 부족했지만 앞으로 더 잘할 수 있을 것 같아요. 감사합니다, 팀장님.
	(실수를 강조하지 않고, 팀원의 자각을 이끌어냄)

1) 편안한 대화 시작

팀장은 대화를 시작할 때 바로 실수나 문제를 언급하지 않고, 팀원의 일상과 감정에 대해 물어보며 편안하게 대화를 시작했습니다. 이를 통해 팀원이 자유롭게 자신의 상황을 이야기할 수 있는 분위기를 만들었습니다.

2) 팀원의 말에 공감하기

팀장은 팀원의 말 속에서 '분주함'이라는 감정을 읽고, 이를 직접 언급하며 공감을 표현했습니다. 이를 통해 팀원은 자신의 감정을 더 명확하게 인식하고, 팀장과의 신뢰를 쌓게 되었습니다.

3) 긍정적인 강화와 함께 팀원이 스스로 자각하도록 만들기

팀장은 팀원의 실수를 지적하기보다는, 그 실수가 발생하게 되었던 배경에 더 집중하는 모습을 보여주었습니다. 그렇게 함으로써 팀원에게도 실수로 인한 팀장님의 평가에 정신이 팔리는 것이 아니라 왜 그 실수를 하게 되었는지, 다시 하지 않기 위해서는 어떻게 해야 할지에 더 집중하도록 만들 수 있었습니다.

팀장이 먼저 팀원의 감정을 알아차리려고 노력했다는 사실에 주목하세요. 이러한 접근은 팀원이 자신의 감정을 명확하게 인식하고 표현하며, 실수에 대한 부담을 덜고 본격적으로 자신의 실수와 해결 방안에 대해 더 솔직하게 털어놓을 수 있게 만들어 줍니다.

Phase 2. 대화의 전개: 억울함을 토로하는 구성원의 말에 어떻게 반응할까?

Before

팀장: 해도 해도 어려운 게 또 보안이니까. 특히 그 업무를 직접 담당하는 우리한테는 더더욱 그렇지.

팀원: 어떨 때는 저도 좀 억울할 때가 있어요. 그게 사람이 태어날 때부터 보안 기준을 정확하게 알고 지키는 사람이 어디 있어요. 저도 회사에서 배우고 익혀서 똑같이 하는 건데… 좀 변명 같지만 저는 점검해 줬는데, 다른 팀원이 모르고 아이디하고 비밀번호를 종이에 적어서 모니터에 붙였어요. 제가 이걸 어떻게 알겠어요?
저는 당연히 다 알고 있을 거라고 생각했는데… 제가 어제 시스템을 확인하고 정문 쪽에서 호출이 와서 잠깐 이동한 사이에 신입 팀원이 모니터

아래쪽에 아이디하고 비밀번호를 붙이고 교대 근무지로 다시 이동해 버렸더라고요. 저는 모니터 아래쪽을 확인할 겨를도 없었는데 점검팀에서 그걸 발견한 거예요. 그땐 저도 진짜 너무 억울하고… 안 봤으면 모르는데, 제가 아무 문제 없는 것을 확인하고 간 사이에 붙여버려서 저는 당시에 적발될 게 없다고 생각했는데… 막상 적발돼버리니까… 진짜 심장이 뛰고 죽겠더라고요.

 개선 Point

1) 억울함을 토로하는 팀원의 말에 어떻게 반응해야 할까요?

팀원은 지금 아주 노골적으로 억울함을 표현하고 있습니다. 동시에 본인이 해왔던 노력도 어필하고 있지요. 팀장은 억울함과 노력을 모두 경청하는 것이 중요합니다. 팀원의 말에 공감하고 인정하는 과정을 통해, 팀원은 본인의 의지를 다지고 궁극적으로는 책임감을 굳건하게 할 가능성이 높습니다. 단순히 "이제부터라도 보안을 더 철저하게 신경 써!"라고 말한다면, 팀원의 의지와 책임감은 도출되지 않을 것입니다.

 After

팀장:	해도 해도 어려운 게 또 보안이니까. 특히 그 업무를 직접 담당하는 우리한테는 더더욱 그렇지.
팀원:	어떨 때는 저도 좀 억울할 때가 있어요. 그게 사람이 태어날 때부터 보안 기준을 정확하게 알고 지키는 사람이 어디 있어요. 저도 회사에서 배우고 익혀서 똑같이 하는 건데… 좀 변명 같지만 저는 점검해 줬는데, 다른 팀원이 모르고 아이디하고 비밀번호를 종이에 적어서 모니터에 붙였어요. 제가 이걸 어떻게 알겠어요?

| | 저는 당연히 다 알고 있을 거라고 생각했는데… 제가 어제 시스템을 확인하고 정문 쪽에서 호출이 와서 잠깐 이동한 사이에 신입 팀원이 모니터 아래족에 아이디하고 비밀번호를 붙이고 교대 근무지로 다시 이동해버렸더라고요. 저는 모니터 아래쪽을 확인할 겨를도 없었는데 점검팀에서 그걸 발견한 거예요. 그땐 저도 진짜 너무 억울하고… 안 봤으면 모르는데, 제가 아무 문제 없는 것을 확인하고 간 사이에 붙여버려서 저는 당시에 적발될 게 없다고 생각했는데… 막상 적발돼버리니까… 진짜 심장이 뛰고 죽겠더라고요. |

팀장: 그러게…진짜 억울했겠어. 놀라고, 여전히 긴장감이 느껴지네. 어때?
 ('억울함'이라는 단어를 인용하여 공감하기)

팀원: 네 맞아요~ 딱 그거예요. 아직도 그래요.
 (팀원이 '아, 팀장님이 내 마음을 알아주기는 하는구나'라는 생각을 하게 됨)

팀장: 그렇겠네. 그렇게 억울하고 긴장되었을 텐데도 불구하고 마음 써줘서 참 고맙다. 특히 신입 팀원이 아이디와 비밀번호 붙이고 하는 그런 일은 정말 억울했겠어.
 (1차 공감하기)

팀장: 그런 어려움에도 불구하고 나는 네가 보안 기준에 대해 언제나 상세하게 인지하고 준비하려는 의지가 있다는 게 보여. 어떻게 생각해?
 (2차 인정하기)

팀원: 네… 진짜 신경 많이 쓰거든요. 많이 어렵긴 하지만… 팀장님이 그렇게 말씀해 주시니까 조금 위로가 되네요. 제가 어떤 마음으로 그렇게 했는지도 알겠고… 감사합니다.

1) 감정 공감하기

팀원은 억울함과 긴장감을 동시에 표현하고 있습니다. 팀장은 '억울함'이라는 단어를 인용하며 팀원의 감정을 직접적으로 언급하고 공감했습니다. 이는 팀원이 자신의 감정을 인정받았다고 느끼게 하며, 팀장과의 신뢰를 쌓는 데 도움을 줍니다.

2) 노력과 의지에 대한 인정

팀장은 팀원의 노력과 의지를 인정하며 이를 직접 언급했습니다. 이는 단순한 위로를 넘어, 팀원이 자신의 역할에 대한 책임감을 느끼게 합니다. '너는 보안에 대해 잘 준비하고 있다는 게 보여'와 같은 표현은 팀원의 의지를 높이는 데 효과적입니다.

3) 긍정적인 강화와 격려

팀장은 팀원의 노력을 인정하고, 그 어려움을 이해해 주는 태도를 보였습니다. 이러한 접근은 팀원이 자신의 실수를 극복하고 더 나아갈 수 있는 의지를 갖도록 도와줍니다.

공감부터 인정, 그리고 격려의 순서로 진행된 대화를 통해 팀원은 자연스럽게 실수에 대한 부담을 덜고 보안 관리를 더욱 철저히 하려는 의지를 갖게 되는 것을 여러분은 확인할 수 있게 됩니다.

Phase 3. 대화의 마무리: 언뜻 보기에는 문제없어 보이는 대화, 하지만?

Before

팀장:	지난번에 외부 출입 인력에 대한 보안 검사 중에 위반 물품 반입을 놓친 적도 있었잖아. 그때도 엄청 놀랐지? 위반 물품 반입이 적발됐을 때 말이야. 엄청 놀랐지?
팀원:	엄청 저도 진짜 죄인같이… 많이 놀랐죠. 분명히 체크했는데… 제대로 확인했다고 생각했는데 놓쳐버려서 진짜 왜 그러는지 모르겠어요. 저도 본다고 챙겼는데 너무 속상해요. 매일 확인하는 건데도 그렇게 돼서…
팀장:	맞아 매일 뭐 분명히 보기는 하지… 근데 왜 자꾸 걸리는지 나도 좀 궁금하긴 하더라고… 왜 우리가 자꾸 걸린다고 생각해?

 개선 Point

1) 언뜻 보기에는 문제없어 보이는 대화이지만…

팀장은 팀원의 생각과 느낌을 유도하고 있습니다. "엄청 놀랐지?"와 같은 질문은 보안 위반이 적발되었기 때문에 팀원이 놀랐을 것이라는 팀장의 '판단'일 수 있습니다. 이럴 때는 팀장의 판단에서 벗어나 '열린 질문'을 던져야 팀원의 진짜 생각과 느낌을 들을 수 있습니다.

2) 그렇다면, 팀원의 진짜 마음은 무엇일까요?

팀원은 "분명히 보고 갔다", "매일 확인한다", "본다고 챙겼다" 등 계속해서 자신의 노력을 어필하고 있습니다. 이럴 때는 팀원의 노력만큼은 인정해 주어야 합니다. 본인의 노력에 대해 인정받은 팀원은 팀장에게 안정감을 느끼고 이후 스스로 더 잘하려는 동기를 가지게 됩니다.

 **After**

팀장:	지난번에 외부 출입 인력에 대한 보안 검사 중에 위반 물품 반입을 놓친 적도 있었잖아. 위반 물품이 적발됐을 때 마음이 어땠어? (팀장의 판단에서 벗어나 '열린 질문'을 통해 팀원의 기분과 생각을 알 수 있음)
팀원:	아… 네. 많이 당황했어요. 무엇보다 우리 팀에 이런 일이 있으면 안 되는 건데… 저 때문에 이런 일이 생긴 것 같아서 정신 차리고 보니까 너무 죄송하더라고요. 그런데 저요… 분명히 제대로 확인했다고 생각했는데 순간 놓쳐버렸었어요. 너무 속상해요… ('당황했다', '죄송하다'라는 다양한 감정 표현이 나옴)
팀장:	그래~ ('맞아'보다는 '그래'로 수용해주세요) 이 일로 많이 당황했고, 지금도 속상해하는구나. (팀원이 표현한 감정 단어를 그대로 표현하며 1차 공감하기) 그럼에도 불구하고 팀에 피해가 되지 않도록 하려는 책임감도 느껴져. 어떻게 생각해? (팀원이 노력한 부분에 대해 2차 인정하기)
팀원:	네 맞아요. 제 실수지만 우리 팀원들이 되게 고생 많이 하는데, 이 일로 에너지 다운되지 않았으면 하거든요. 책임감이라고 말씀해주시니까… 진짜 더 책임 있게 행동해야겠다는 생각이 들어요. 그렇게 봐주셔서 감사합니다, 팀장님…

1) 열린 질문으로 감정 탐색

팀장은 "위반 물품이 적발됐을 때 마음이 어땠어?"와 같은 열린 질문을 통해 팀원의 진짜 감정과 생각을 이끌어냈습니다. 이를 통해 팀원은 자신의 감정을 솔직하게 표현할 수 있었습니다.

2) 감정 공감하기

팀장은 팀원이 표현한 "당황했다", "죄송하다" 등의 감정을 그대로 언급하며 공감했습니다. 이는 팀원이 자신의 감정을 이해받았다고 느끼게 하여 안정감을 제공합니다.

3) 노력과 책임감에 대한 인정

팀장은 팀원의 노력과 책임감을 인정하며 이를 언급했습니다. 이를 통해 팀원은 자신의 행동이 중요하다는 것을 깨닫고 더 큰 책임감을 가지게 됩니다.

팀장이 직접 판단하여 결론을 내리는 것이 아니라 열린 질문을 통해 팀원의 감정을 끝까지 탐색하고 알아내어 표현하고 있습니다. 팀장이 이렇게 대화를 이끌어가는 것은 팀원이 자신의 실수를 수용하고 더 나아갈 수 있는 동기와 책임감을 가지게 하는 데 도움이 되는 것을 확인할 수 있습니다.

상황 4.

당신은 의료기기 생산 기업의 양산품질을 담당하는 팀의 리더입니다. 품질을 담당하는 부서이다 보니 개발팀 및 생산팀과의 협업이 굉장히 많이 발생합니다. 그런데 당신의 팀원 중 한 명이 실시한 신제품의 양산품질 테스트 결과가 기준 대비 미달하는 결과가 수차례 발생했습니다. 그리고 그가 이 결과를 개발팀과 생산팀에 전달하는 과정에서 개발팀으로부터는 개발테스트에서 문제가 없었는데 왜 양산 과정 중 문제가 발생했냐는 비난을 받고, 생산팀으로부터 역시 이미 수립된 생산 일정 계획을 맞출 수 없게 되었으니 어떻게 해야 하냐는 압박을 받아 지속적인 스트레스에 시달리고 있습니다. 당신은 해당 팀원이 계속되는 스트레스를 잘 극복하고 본연의 업무에 충실할 수 있도록 도와주어야 합니다.

Phase 1. 대화의 시작: 질문 후에는 침묵하며 구성원 답변 기다리기

Before

팀장: 김 주임, 오늘 오전에 업무 처리 하는 건 어땠어?

팀원: 아직 큰일은 없었어요, 팀장님~

팀장: 그래? 다행이네. 내가 오늘 이렇게 면담 부른 이유는 김주임이 개발팀하고 통화하고 나서 바로 생산팀과도 통화를 하는데 조금 어려움이 있어 보이더라고. 그래서 내가 한 번 불렀어. 어떻게 생각해?

팀원: 음….

팀장: 내가 봤을 때는 김주임이 개발팀과 생산팀이 요즘 좀 강하게 지속적으로 김주임한테 불만을 제기하고 있어서 통화를 하고 나면 이후 업무 수행을 힘들어하는 게 느껴졌어. 그 모습 때문에 부른 거야.

 **개선 Point**

1) 질문 후 침묵하며 팀원의 답변을 기다리자!
팀장이 '질문'을 하셨기 때문에 팀원은 '생각 중'입니다. 그런데 팀장의 추가 설명이 숨 가쁘게 곧바로 이어지면서 팀원은 대답할 기회를 잃게 됩니다. 만약 질문 후에 잠시 침묵하며 팀원의 답변을 기다렸다면, 팀원 스스로 더 많은 이야기를 할 수도 있습니다.

 After

팀장:	김주임, 오늘 오전 어떻게 보냈어?
팀원:	아직 큰일은 없었어요, 팀장님~
팀장:	그렇구나~ 내가 오늘 이렇게 면담을 하려는 이유는 김주임이 최근 양산 품질 테스트 결과를 개발팀과 생산팀에 전달할 때 어려움이 있어 보이더라고. 테스트 결과 전달 이후에 좀 어땠어?
팀원:	음…
팀장:	(침묵) ('네 생각이 정말 궁금해~'라는 마음으로 아이컨택을 하며 '침묵'을 유지해 주세요.)
팀원:	음… 네, 맞아요. 사실 개발팀에서 문제를 지적하거나 왜 양산에서 문제가 발생했는지 따지면, 저도 모르게 많이 스트레스를 받게 돼요. 그리고 생산팀에서도 일정이 늦어진다고 하니까요. 제가 양쪽에서 받는 압박 때문에 마음이 조금 상하더라고요.
팀장:	아, 마음이 상했구나~ (고개를 끄덕이며, 팀원의 이야기 중 핵심 단어를 따라 해보세요. 팀원이 추가로 이야기를 이어갈 기회가 생기게 됩니다.)

> 팀원: 네, 그렇게 개발팀과 생산팀의 압박을 연달아 받다 보니 의욕도 떨어지고, 다음 테스트 결과를 전달하는 게 무서워지더라고요. 업무 효율도 많이 떨어지고 있는 것 같아요. 그래서 일도 점점 힘들어지는 느낌이에요.

1) 침묵 후 기다리기

팀장은 질문 후에 바로 추가 설명을 하지 않고, 침묵을 유지하며 팀원이 스스로 더 이야기할 기회를 제공합니다. 이를 통해 팀원은 자신이 느끼는 감정을 충분히 표현할 수 있게 됩니다.

2) 감정 공감하기

팀원은 "마음이 상했다", "스트레스받는다" 등의 감정을 표현하고 있습니다. 팀장은 이를 그대로 되풀이하며 공감을 표현합니다. 이는 팀원이 자신의 감정을 이해받았다고 느끼게 하여 안정감을 줍니다.

3) 경청하며 인정하기

팀장은 팀원의 이야기를 듣고, 그가 경험한 어려움과 고충에 대해 인정하고 공감합니다. 이를 통해 팀원은 자신의 감정과 어려움을 팀장이 이해하고 있다는 안정감을 가지게 되고, 이를 바탕으로 다시 업무에 집중할 수 있는 힘을 얻게 됩니다.

팀원이 자신이 처해있는 어려움을 스스로 솔직하게 이야기하도록 리더인 여러분은 충분히 생각하고 표현할 수 있는 시간을 팀원에게 줄 수 있어야 합니다. 그러고 나면 팀원이 조금씩 자신의 상황을 솔직하고 구체적으로 표현하는 것을 볼 수 있습니다.

Phase 2. 대화의 전개: '나도 그랬어~'는 공감 언어가 아니에요

Before

팀원: 통화를 하다 보면 자기 팀 입장만 이야기하면서 억지를 부리는 분들이 계시는데, 너무 얄밉고, 꼴 보기 싫어 가지고 약간 해 줄 수 있는 건데도 해주기 싫더라고요. 불만도 모른 척하게 되고, 회피하고 싶어지고요. 그러면 안 되는 건데… 안 되는 걸 알면서도…. 타부서 협업도 실적에 영향을 미치니까 좀 힘들었어요.

팀장: 맞아~ 맞아~ 나도 그랬어. 그게 어떤 마음인지 알아. 속 많이 상하지? 김주임은 양산품질쪽도 처음이라 많이 힘들었을 거야.

팀원: 네 맞아요. 제가 불만이어도 매번 힘들고 한 건 아닌데, 개인적인 역량에 대한 비난이나 자존심을 건드리는 발언에 특히나 조금 힘들어하는 것 같아요. 그렇다고 매번 그럼 안 되는 걸 아는데, 스스로 할 수밖에 없는 건데 제 스스로 기분 조절을 못 하는 것 자체가 저도 조금 싫어서….

 개선 Point

1) '나도 그랬어!'는 공감의 언어가 아닙니다! 그럼 어떻게 해야 할까요?

'나도 그랬어'라는 말 대신, 팀원이 하던 이야기를 계속 이어가는 것이 중요합니다. 팀원이 자신의 이야기를 많이 하는 것이 좋습니다. 팀원의 이야기를 이어가게 하려면, 핵심이 될 만한 단어를 살짝 따라 하며 팀원의 목소리 톤과 대화의 분위기에 맞춰 진행하세요.

2) '질문'으로 팀원이 스스로 '자각'하게 해볼까요?

팀원이 힘들어할 때 빨리 조언해 주고 싶은 마음이 들 수 있지만, 이때는 조언보다 '질문'을 통해 팀원이 스스로 '자각'할 수 있도록 도와주세요.

 After

팀원:	통화를 하다보면 자기 팀 입장만 이야기하면서 억지를 부리는 분들이 계신데, 너무 얄밉고, 꼴 보기 싫어 가지고 약간 해 줄 수 있는 건데도 해주기 싫더라고요. 불만도 모른 척하게 되고, 회피하고 싶어지고요. 그러면 안 되는 건데… 안 되는 걸 알면서도…. 타부서 협업도 실적에 영향을 미치니까 좀 힘들었어요. ('실적'이라는 핵심이 될 만한 단어 catch!!)
팀장:	아~ 실적에… ('맞아~'라고 호응하기보다는 팀원의 목소리 톤과 분위기에 맞춰서 진행.)
팀원:	네 맞아요. 제가 불만이어도 매번 힘들고 한 건 아닌데, 개인적인 역량에 대한 비난이나 자존심을 건드리는 발언에 특히나 조금 힘들어하는 것 같아요. 그렇다고 매번 그럼 안 되는 걸 아는데, 스스로 할 수밖에 없는 건데 제 스스로 기분 조절을 못 하는 것 자체가 저도 조금 싫어서….
팀장:	(침묵) 넌 어떻게 하고 싶어? (조언을 하고 싶어도 참고, 질문으로 팀원이 스스로 자각하게 해주세요.)
팀원:	음… 제가 불만이 들어와도 마음이 흔들리지 않았으면 좋겠어요. (팀원이 바로 답변을 못 할 수도 있지만, 침묵하고 기다려주면 스스로 자각하는 걸 발견할 수 있어요.)
팀장:	그래… 좋은 생각이네~ 내가 어떻게 하면 네게 도움이 될까?

1) 침묵 후 기다리기

팀장이 질문 후에 바로 추가 설명을 하지 않고, 침묵을 유지하며 팀원이 스스로 더 이야기할 기회를 제공합니다. 이를 통해 팀원은 자신이 느끼는 감정을 충분히 표현할 수 있게 됩니다.

2) 감정 공감하기

팀원은 "실적에 영향을 미친다", "기분 조절을 못 하는 것 자체가 싫다" 등의 감정을 표현하고 있습니다. 팀장은 이를 그대로 되풀이하며 공감을 표현합니다. 이는 팀원이 자신의 감정을 이해받았다고 느끼게 하여 안정감을 줍니다.

3) 경청하며 인정하기

팀장은 팀원의 이야기를 듣고, 그가 경험한 어려움과 고충에 대해 인정하고 공감합니다. 이를 통해 팀원은 자신의 감정과 어려움을 팀장이 이해하고 있다는 안정감을 가지게 되고, 이를 바탕으로 다시 업무에 집중할 힘을 얻게 됩니다.

팀원의 말 중에 중요한 단어를 잡아내고 이것을 되풀이하면서 그것이 중요하다는 사실을 팀장도 공감하고 있다는 사실을 표현해야 합니다. 그렇게 하니 팀원은 자신이 진짜 극복해야 하는 문제가 무엇인지 더 구체적으로 팀장에게 털어놓게 됩니다.

Phase 3. 대화의 마무리: 면담 마무리는 어떻게 해야 할까?

⏱ Before

팀장:	앞으로 내가 중간중간 네가 개발팀이나 생산팀과 회의하거나 통화하는 것 같으면 옆에 가서 들어가서 들어주고 어려운 답은 대신 해줄게. 어때?
팀원:	네~ 좋아요~
팀장:	그리고 또 힘든 건 없어?
팀원:	음… 힘든 것보다는… 제가 최근에 마음을 잘 관리하지 못해서 새로 받은 프로젝트의 품질 관리 일정을 짜는 작업이 잘 안 되는 것 같아요. 팀장님 괜찮으실 때 유사 프로젝트 품질 관리 일정 샘플을 공유해주시고 제가 작업한 결과물이 좀 부족해도 피드백을 자주 주시면 일하는 데 도움이 될 것 같아요.
팀장:	아~ 그래? 그건 충분히 가능하지~ 그래, 그렇게 해줄게.
팀원:	네, 감사합니다.
팀장:	그래, 타 부서랑 협업하면서 발생하는 갈등에 너무 스트레스받지 말고 우리 힘내자. 알았지?
팀원:	네, 알겠습니다.
팀장:	그래, 이야기 다 끝났으니까… 가봐~

 개선 Point

1) 면담 마무리는 어떻게 해야 할까요?

"그래~ 이야기 다 끝났으니까 가봐~"라는 표현도 따뜻한 어감을 줄 수 있지만, 면담 마무리 시 더 나은 방법을 추천합니다. "오늘 나와 면담 어땠니?"라고 질문해보시는 것이 어떨까요? 이 질문을 던지는 순간, 팀원은 긴장을 풀며 '아, 면담이 끝났구나'라고 생각하게 됩니다. 이로 인해 오히려 더 편안하게 이야기를 주고받을 수 있는 기회가 마련되며, 추가로 더 깊숙한 속마음과 생각들을 나눌 수 있는 분위기가 형성됩니다.

2) 팀원의 에너지 올리기

팀원 입장에서 면담이 끝났다는 생각으로 긴장이 풀리기 시작하면, 팀장의 진심이 더욱 깊이 전달될 가능성이 큽니다. 면담 중 기억에 남는 팀원의 장점과 탁월성을 솔직하게 표현하세요. 팀원의 에너지가 상승하는 것을 느낄 수 있을 겁니다. 팀원은 팀장이 인정해준 장점을 더 발휘하려고 노력하게 될 것입니다.

 After

팀장:	앞으로 내가 중간중간 네가 개발팀이나 생산팀과 회의하거나 통화하는 것 같으면 옆에 가서 들어가서 들어주고 어려운 답은 대신 해줄게. 어때?
팀원:	네, 좋아요!
팀장:	그리고 그것 외에는 또 뭐가 있을까? ('또 힘든 건 없어?'라는 부정적인 질문 대신, 중립적으로 질문하여 팀원이 더 편안하게 대답할 수 있도록 유도)
팀원:	음… 제가 최근에 마음을 잘 관리하지 못해서 새로 받은 프로젝트의 품질 관리 일정을 짜는 작업이 잘 안 되는 것 같아요. 팀장님 괜찮으실 때 유사 프로젝트 품질 관리 일정 샘플을 공유해주시고 제가 작업한 결과물이 좀 부족해도 피드백을 자주 주시면 일하는 데 도움이 될 것 같아요.
팀장:	그래, 아주 좋은 생각이야! 솔직하고 의욕적으로 제안해줘서 고마워. 네가 말한 대로 꼭 해줄게. 적극적으로 업무에 임해줘서 정말 고맙다.

> 팀원: 네, 팀장님. 제가 오히려 감사해요.
>
> 팀장: 그래… 오늘 나와의 면담 어땠어?
>
> (면담 마무리 시 편안하게 생각을 주고받을 수 있는 기회를 제공)
>
> 팀원: 음… 솔직히 팀장님이 제가 힘든 거 잘 모르실 거라고 생각했는데, 관심 있게 지켜봐 주셔서 정말 좋았어요. 앞으로도 힘들거나 고민 생기면 먼저 말씀드릴게요. 제 입장에서 이야기 들어주셔서 감동했습니다.
>
> 팀장: 그래, 그랬구나. 음… 오늘 면담을 통해 나도 느낀 게 있어. 김주임은 힘든 상황에서도 능동적으로 해결책을 찾으려고 노력하고 있다는 걸 깨달았어. 많은 사람들이 업무가 힘들어지면 쉽게 주눅 들거나 짜증을 내기 마련인데, 넌 방법을 찾기 위해 고민하고, 나한테도 상의를 해줘서 고맙고 참 의미 있는 대화였다고 생각해. 어떻게 생각해?
>
> (면담을 마무리하면서 팀원의 능동적이고 노력하는 모습을 진심으로 인정하고 칭찬하기)

1) 질문 방식의 개선

Before에서 사용한 "또 힘든 건 없어?"라는 질문은 부정적인 뉘앙스를 내포할 수 있습니다. After에서는 "그것 외에 또 뭐가 있을까?"라는 중립적이고 개방적인 질문을 사용하여 팀원이 더 편안하게 대답할 수 있는 분위기를 조성했습니다. 이를 통해 팀원은 부담 없이 자신의 감정을 표현할 수 있게 됩니다.

2) 솔직한 제안을 인정하고 지지

팀원이 솔직하게 도움을 요청했을 때, 팀장은 그 요청을 긍정적으로 받아들이고 적극적으로 응원하는 모습을 보여주었습니다. 이를 통해 팀원이 본인의 아이디어와 요청을 존중받는다고 느끼고, 스스로 업무에 더 적극적으로 임할 수 있도록 격려받게 됩니다.

3) 면담의 마무리를 부드럽고 따뜻하게

"오늘 나와의 면담 어땠어?"라는 질문을 통해 면담의 마무리를 좀 더 따뜻하게 이끌었습니다. 이 질문은 팀원에게 마음의 여유를 주고, 이후 대화가 자연스럽게 이어질 수 있는 기회를 제공합니다.

4) 팀원의 강점을 인정하기

면담 중 팀원의 능동적이고 노력하는 모습을 인정함으로써, 팀원의 에너지를 높이고, 자신감과 자부심을 느낄 수 있도록 도와주었습니다. 이러한 인정은 팀원이 더 나은 성과를 위해 노력하는 동기를 부여하게 됩니다.

결국 여러분이 팀원의 감정을 존중하고, 그들의 생각을 충분히 듣고 인정하는 과정을 잘 지켜나간다면 팀원들이 스트레스를 해소하고, 더 나은 업무 태도를 갖출 수 있도록 도울 수 있습니다. 면담을 마칠 때는 절대 서두르거나 급하게 마무리하지 마세요!

소통의 기술! 한번 적용해볼까요?

1. 팀원이 낮은 평가 결과로 인해 자존감이 떨어졌을 때, 리더가 효과적으로 대화를 시작하기 위해 사용할 수 있는 방법은 무엇인가요?

(Tip! 팀원의 말을 직접 인용하고, 침묵을 유지하여 팀원이 자신의 감정을 더 잘 표현할 수 있도록 돕습니다.)

2. 신입 팀원이 고객들의 불만으로 인해 위축되었을 때, 리더로서 어떻게 대응하는 것이 좋을까요?

(Tip! 열린 질문을 통해 팀원이 자유롭게 감정을 표현하도록 촉진하고, 팀원의 말을 반영하여 공감을 표현하세요.)

3. 잘못을 지적당한 팀원이 억울함을 느낄 때, 리더가 취해야 할 첫 번째 단계는 무엇인가요?

(Tip! 팀원의 감정을 인식하고, 그 감정을 그대로 인용하며 공감을 표현하는 것이 중요합니다.)

4. 협업하는 여러 부서의 압박으로 인해 스트레스를 받고 있는 팀원이 자신의 감정을 충분히 표현하도록 돕기 위해 리더가 사용할 수 있는 기술은 무엇인가요?

(Tip! 질문 후 침묵을 유지하여 팀원이 스스로 감정을 표현할 수 있는 시간을 제공하세요.)

5. 대화를 마무리할 때 팀원의 강점을 인정하는 것이 중요한 이유는 무엇인가요?

(Tip! 팀원의 강점을 인정함으로써 긍정적인 강화 효과를 주고, 팀원이 자신감을 회복하도록 돕습니다.)

6장.
대화의 프로세스

6장.
대화의 프로세스

리더십의 중요한 역할 중 하나는 구성원과의 면담 대화를 효과적으로 이끄는 것입니다. 이 장에서는 면담 대화를 위한 프로세스와 그 과정에서 필요한 스킬들을 다룹니다. 면담 대화는 단순한 대화가 아닌, 목적을 가지고 진행되는 중요한 소통의 장이기 때문에 이를 잘 준비하고 진행하는 것이 중요합니다.

리더가 팀원과 원활하고 효과적인 대화를 나누기 위해서는 단순한 대화 이상의 "프로세스"가 필요합니다. 대화 세팅에서 시작하여 대화를 마무리할 때까지, 단계마다 구체적인 방법과 기술이 적용됩니다. 이러한 대화 프로세스는 팀원과의 신뢰를 쌓고, 협력적인 조직 문화를 형성하는 데 중요한 역할을 합니다. 이 챕터에서는 효과적인 대화를 위한 4단계를 소개합니다.

1단계: 초기 세팅 - 면담의 성공적인 출발을 위한 준비 단계

초기 세팅은 면담을 성공적으로 이끌기 위한 가장 중요한 첫걸음인데요, 먼저, 초기 세팅이 필요한 이유는 무엇일까요? 이것은 구성원과 리더 모두에게 면담의 성과를 높이기 위한 과정입니다. 초기 세팅을 통해 구성원은 면담에 대한 마음의 준비를 하게 되고, 면담을 통해 리더와의 관계가 증진될 것이라는 기대를 갖게 됩니다. 더 나아가 평소에 리더에게 질문하고 싶었던 것들을 미리 준비해 볼 수도 있죠. 이렇게 마음의 준비가 되어 있으면, 면담에서 더 깊이 있는 대화가 가능해지고, 그 결과 성과도 더 좋아질 수 있습니다.

그럼 리더 입장에서 초기 세팅이 왜 중요한지 생각해 볼까요? 초기 세팅은 리더가 구성원을 단순히 공동체의 일원으로 바라보는 것이 아니라, 한 명의 개인으로서, 즉 구성원의 존재 자체를 바라볼 수 있는 마음의 준비를 하는 과정입니다. 이 단계에서 리더는 구성원 개개인에 대한 이해를 깊이 하고, 그들을 독립된 인격체로 존중하며 바라볼 수 있는 태도를 가질 수 있게 됩니다. 이것이 초기 세팅이 중요한 이유입니다. 면담이 단순한 업무 지시가 아니라, 구성원과의 진정성 있는 상호작용이 되도록 만드는 출발점이기 때문입니다.

초기 세팅을 잘함으로써 구성원은 리더와의 면담에서 충분한 에너지를 얻고, 이후의 업무에서 자발적이고 집중된 태도를 가지게 됩니다. 리더의 입장에서는 초기 세팅을 통해 구성원과의 신뢰를 쌓고, 그들이 면담에서 얻은 동기를 통해 더 높은 성과를 낼 수 있다는 것이 기대되는 효과라고 할 수 있습니다. 그렇다면 이제부터 초기 세팅의 세부적인 요소들에 대해 함께 살펴보도록 하겠습니다.

1) 면담의 목표와 준비

첫 번째로 면담을 준비할 때, 구성원이 리더보다 더 많이 이야기할 수 있는 환경을 만들어야 합니다. 초기 세팅에서 중요한 것은 면담의 목표가 리더의 일방적 전달이 아닌, 구성원의 성장을 위한 대화의 장이라는 점을 강조하는 것입니다. 구성원이 리더와의 면담에서 에너지를 받고 의욕이 올라가는 느낌을 받을 수 있도록 면담의 목적을 명확히 설정하는 것이 필수적입니다.

2) 물리적 공간의 세팅

면담을 준비할 때, 가급적 소회의실과 같은 별도의 공간을 예약해 놓는 것이 좋습니다. 리더가 평소 업무를 하는 자리로 구성원을 불러서 이야기하기보다는, 구성원이 면담에 집중하고 면담이 자신을 위한 시간이라는 느낌을 받을 수 있도록 물리적인 장소를 마련해 놓는 것이 중요합니다. 회의실을 예약했다면 그 사실을 구성원에게 사전에 알리는 것도 큰 도움이 됩니다. 이를 통해 구성원은 리더가 자신과의 면담을 위해 준비하고 있다는 느낌을 받고, 리더가 별도의 공간과 시간을 할애하여 자신과 대화를 나눌 준비를 한다는 생각에 존중받고 있다고 여기게 됩니다.

3) 시간과 분위기 설정을 통해 면담의 중요성을 구성원에게 전달하기

면담 당일이 되면, 구성원을 회의실에 미리 가 있도록 하는 것도 중요한 팁 중 하나입니다. 예를 들어, 면담이 오전 10시에 예정되어 있다면, 구성원을 10분 정도 일찍 보내어 먼저 면담 장소에 가 있을 수 있도록 합니다. 면담이 시작되기 전인 10분 동안 구성원은 앞으로 진행하게 될 면담에 대해 스스로 생각해 볼 수 있고, 자신의 업무들에 대해 리더와 나눌 주제들도 스스로 생각해 볼 수 있는 여유가 주어지게 됩니다. 본격적으로 면담이 시작되는 타이밍에서, 리더는 구성원이 바로 그 10분 동안 어떤 생각들을 했는지 질문하며 자연스럽게 면담을 시작하는 것도 권장할 만합니다.

여하튼 구성원이 먼저 면담 장소에 도착해 준비할 수 있는 시간을 갖도록 하는 것이 핵심입니다. 반면 리더는 정시에 혹은 2~3분가량 늦게 회의실에 들어감으로써, 그 자체만으로 리더십을 자연스럽게 드러내는 방식으로 분위기를 설정할 수 있습니다. 이를 통해 면담은 구성원에게 단순한 대화 이상의 중요한 순간으로 인식되며, 리더와 구성원 모두에게 면담의 집중도를 높일 기회가 됩니다.

리더는 면담을 시작하기 전에, 구성원에게 이 시간이 특별하고 중요한 시간임을 몸으로 체감하게 해야 합니다. 리더와 구성원이 동시에 나란히 걸어가 회의실에 들어가는 것은 친근하고 친구 같은 분위기를 조성할 수 있지만, 미리 구성원을 면담 장소로 보내고 나중에 리더가 들어가는 것은 리더로서의 역할을 강조하고 면담의 진지함을 전달하는 방식이라 할 수 있습니다. 이러한 초기 세팅은 구성원으로 하여금 "이 면담은 무게감이 느껴진다. 단순한 회의는 아니겠구나. 꽤나 중요한 대화가 될 것 같다."라는 생각을 불러일으키게 됩니다.

위와 같은 요소들을 포함한 초기 세팅 과정을 통해 구성원은 리더가 이 면담을 진지하게 생각하고 준비하고 있음을 느끼게 됩니다. 마치 특별한 약속을 위해 예약하고 준비하는 것처럼, 구성원은 자신이 존중받고 있다는 느낌을 받으며 면담에 대한 기대감을 갖게 됩니다. 이러한 접근 방식은 구성원과 리더 간의 신뢰를 쌓는 데도 큰 도움이 됩니다.

초기 세팅의 목적은 구성원이 리더와의 면담에서 자신이 존중받고 있음을 느끼고, 이 면담이 자신의 성장을 위한 중요한 시간이라는 점을 인지하게 하는 데 있습니다. 이 과정을 통해 면담을 성공적으로 이끌고, 구성원의 에너지를 높여 성과로 연결될 수 있는 밑거름을 마련할 수 있습니다.

2단계: 대화 시작 – 호칭을 정리하고 분위기를 잡자

대화 시작 단계는 면담의 문을 열게 되는 중요한 과정인데요, 이 단계에서 우리는 무엇을 준비해야 할지, 그리고 어떻게 대화를 시작해야 하는지에 대해 자세히 살펴보도록 하겠습니다.

먼저, 여러분의 면담이 효과적으로 되기 위해서는 기존에 리더와 구성원 사이에 있었던 사적인 관계나 분위기를 살짝 재설정할 필요가 있습니다. 직장에 따라 다르긴 하지만 회사 동료나 선후배 간에 좀 익숙해진다면 서로에게 '형', '언니'라고 부르며 친근하게 대화를 나누는 모습도 자주 발견할 수 있죠.

예를 들어볼까요? 여러분의 조직에서는 구성원들과 '형', '언니'라고 친근하게 부르는 문화가 있을 수 있어요. 물론, 이런 호칭은 평소에 서로 간의 관계를 따뜻하게 만들고 친밀감을 유지하는 데 정말 도움이 됩니다. 그런데 이런 분위기 그대로 면담에 들어가면 어떨까요? 면담의 무게감이 사라지고, 우리가 전달하고자 하는 메시지가 가볍게 느껴질 수 있습니다. 그렇기 때문에 면담 상황에서는 조금 더 공식적인 분위기를 만드는 것이 필요합니다. 그래서 면담에서는 이와는 조금 다른 접근이 필요한데요. 이때는 리더로서의 역할이 강조되어야 하고, 구성원도 리더로부터 성장을 위한 피드백과 지도를 제대로 받겠다는 마음가짐을 가져야 합니다.

그래서 우리가 가장 먼저 할 일은 무엇일까요? 바로 '호칭 정리'입니다. 평소에는 친근하게 부르는 호칭이더라도, 면담 시간만큼은 공식적이고 명확한 호칭을 사용하는 게 좋습니다. 예를 들어, "누구누구님" 혹은 "프로님"처럼 직책을 드러내는 호칭을 사용해 보세요. 이렇게 호칭을 정리하면, 구성원에게 이 시간이 평소와는 다른, 중요한 시간이란 인식을 심어줄 수 있습니다. 그 결과, 면담에서 다뤄지는 내용이 더 진지하게 받아들여지고, 리더로서 여러분의 피드백이 더 효과적으로 전달됩니다.

그리고 호칭 정리뿐만이 아닙니다. 대화의 시작에서는 분위기를 어떻게 설정하느냐가 아주 중요합니다. 면담의 목적이 무엇인지, 리더와 구성원이 각각 어떤 역할을 할 것인지, 그리고 오늘 대화를 통해 무엇을 얻고자 하는지를 명확하게 설정하는 게 필요해요. 이렇게 대화의 방향을 명확히 설정하면, 면담이 훨씬 더 생산적이고 의미 있는 시간이 됩니다. 여러분도 구성원도 이 시간을 더욱 소중하게 여기게 되죠.

리더로서 우리가 면담에서 해야 할 일은 단순히 지시를 내리는 것이 아닙니다. 구성원의 이야기를 잘 듣고, 그들이 직면한 문제를 이해하고, 그들이 성장할 방법을 함께 찾아가는 것입니다. 대화 시작 단계에서 이런 역할을 명확히 하는 것이 정말 중요합니다. 그래야 구성원도 이 면담에서 얻어갈 것이 많아지고, 리더와의 관계 역시 더욱 깊이 발전할 수 있습니다.

그럼, 이제 이 '대화 시작' 단계에서 우리가 구체적으로 신경 써야 할 요소들이 무엇인지 조금 더 자세히 들어가 보도록 할까요? 준비되셨나요?

1) 호칭 정리

　면담을 시작하기 전, 구성원과의 관계와 역할을 명확하게 하기 위해 호칭을 정리하는 것이 필요합니다. 일상에서는 친근감을 나타내기 위해 서로 편하게 부르는 호칭이 있을 수 있지만, 면담에서는 보다 공적인 대화를 위해 형식을 갖춘 호칭을 사용하는 것이 중요합니다. 호칭을 정리함으로써 면담이 일상적인 대화와는 다른, 더욱 중요한 시간임을 강조하고 집중력을 높일 수 있습니다. 예를 들면 평소에 친하게 지내며 편한 호칭으로 부르던 팀원과의 면담을 시작하게 될 때, 다음과 같이 대화를 시작해주시는 것이 좋습니다.

　"평소에는 우리가 언니, 동생 이렇게 부르지만, 오늘 면담은 중요한 이야기들이 오갈 수 있는 시간이라서, 나를 파트장님으로 불러줘. 나도 너를 누구누구 프로님으로 부를게."

　이렇게 호칭을 바꾸는 것만으로도 리더와 구성원 간의 대화는 일상적인 대화에서 중요한 업무적인 대화로 전환됩니다. 또한 존칭을 사용함으로써 서로에 대한 존중을 유지하고 대화의 품격을 높이는 효과가 있습니다. 이때 구성원은 면담에서 더욱 공적인 태도를 유지하며 자신의 생각을 명확하게 전달할 수 있게 됩니다. 리더 역시 구성원의 성장을 위한 리더십을 발휘하는 것에 망설이지 않게 되는 좋은 면이 드러나게 됩니다.

2) 아이컨택과 대화 분위기 설정

　대화 시작 시 아이컨택을 통해 구성원에게 리더의 집중과 관심을 전달하는 것도 중요한 요소입니다. 아이 컨택은 구성원의 감정을 읽고,

현재의 상태를 파악하는 데 중요한 역할을 합니다. 대화를 시작할 때 아이 컨택을 통해 구성원의 눈을 마주침으로써, 리더는 구성원의 마음을 더 잘 이해하고 대화에 진정성을 더할 수 있습니다.

만약 아이컨택을 처음 시도하게 되어 어색할 경우, 눈만 집중적으로 보지 말고 미간이나 이마를 보는 것도 도움이 될 수 있습니다. 이러한 방법을 통해 어색함을 줄이면서도 구성원에게 관심을 보일 수 있습니다. 아이 컨택을 잘 사용하게 되면 구성원의 감정 변화를 직감적으로 느낄 수 있으며, 표정에서 드러나는 미묘한 감정과 뉘앙스까지 파악하는 데 도움이 됩니다.

대화 시작 단계는 결코 단순히 대화를 '시작'하기만 하는 수준에 머무르기만 해서는 안됩니다. 이 단계는 구성원과 리더 간의 신뢰를 쌓고 대화를 공식적인 자리로 전환하는 중요한 과정입니다. 호칭을 정리하고 아이컨택을 통해 집중력을 높이며, 대화의 방향성을 명확히 설정함으로써 구성원이 더 많은 이야기를 할 수 있도록 도와줍니다. 이러한 과정을 통해 리더는 구성원의 성장을 돕고, 구성원은 자신의 이야기를 더 깊이 있게 나눌 수 있는 면담을 경험하게 됩니다.

3단계: 깊은 대화하기 - "침묵, 미미킹, 공감하기"

대화의 3단계는 '침묵', '미미킹', 그리고 '공감하기'라는 기술을 통해 구성원의 마음 깊은 곳에 있는 생각과 감정을 이끌어내고, 진정한 소통의 기회를 만드는 단계입니다. 이 단계를 통해 리더는 구성원이 자신의 감정을 표현하고, 그 과정에서 깊은 신뢰를 형성할 수 있도록 대화를 리딩해나가야 합니다.

1) 침묵과 미미킹 (Mimicking)

 침묵과 미미킹은 대화의 흐름을 구성원이 주도할 수 있도록 돕는 중요한 기술입니다. 이 단계에서 리더는 구성원의 말에 즉각적으로 반응하거나 조언하기보다, 적절한 침묵과 구성원의 말을 따라하는 미미킹을 통해 구성원이 스스로 자신의 생각을 끝까지 말할 수 있도록 인도합니다.

 침묵은 리더가 구성원의 이야기를 충분히 들을 준비가 되어 있음을 나타내며, 구성원에게 더 많은 이야기를 할 수 있는 기회를 줍니다. 구성원과 리더가 주거니 받거니 대화를 나누던 도중, 구성원이 할 얘기를 다 하고 난 뒤에도 리더가 바로 말하지 않고 잠시 침묵을 유지하면, 구성원은 리더의 침묵을 느끼며 자신의 생각과 감정에 더 집중할 기회를 갖게 됩니다. 그리곤 더욱 깊이 표현할 수 있게 됩니다.

 사람들은 일반적으로 침묵을 견디기 어려워합니다. 침묵의 순간이 어색하고 불편해서 먼저 말을 꺼내는 사람도 적지 않습니다. 이렇게 꺼낸 말들은 단순히 침묵을 깨기 위한 것인 경우가 많아 준비되지 않은 생각이나 감정으로 표현되는 경우도 있습니다. 이러한 상황에 대해 누군가는 빈말이나 쓸데없는 표현들이라 할 수도 있지만, 오히려 이렇게 준비되지 않은 생각과 감정은 가장 진솔한 생각이거나 내면의 깊은 감정으로서 면담 전체에 있어 긍정적인 요소로 작용하기도 합니다.

 미미킹을 활용하여 구성원이 말한 중요한 단어나 구절을 리더가 그대로 반복함으로써, 리더가 이야기를 잘 듣고 있다는 신호를 보냅니다. 구성원은 이 과정을 통해 자신의 이야기가 잘 전달되고 있다고 느끼며, 더 깊이 있는 이야기까지 이어갈 수 있게 됩니다.

 침묵과 미미킹을 적절히 사용한 예시를 한번 살펴보겠습니다. 평소

근태에 전혀 문제가 없던 팀원이 오늘 지각을 했습니다. 그래서 팀장인 여러분이 그 팀원을 불러서 면담을 하는 상황입니다. 팀원이 자리에 앉자마자 지각하게 된 상황과 이유에 대해 마구 털어놓습니다.

"팀장님 정말 죄송해요. 제가 어제 퇴근 무렵에 통화로 남친이 헤어지자 그러는 거예요. 아무 이유도 없이 갑자기 그러기에 정말 너무너무 어이가 없고 화가 나서 어저께 술을 진탕 마셨어요. 술을 엄청 마셨거든요. 마시다 보니까 새벽 3시가 되었더라고요. 그래서 취해서 집에 가야겠다고 밖에 나왔는데 비가 또 엄청 내리는 거에요. 우산도 없어서 비가 좀 잦아들 때까지 기다려야겠다 하다가 새벽 5시 다 돼서 집에 들어간 데다 씻지도 않고 자서 막 감기 기운도 좀 있고… 잠깐 눈 붙이고 일어났는데 8시 반인 거예요. 팀장님 그냥 부랴부랴 옷만 챙겨 입고 출근했어요. 늦어서 죄송해요. 팀장님."

철없는 팀원의 소탈한 변명들입니다. 하지만 여러분 조직에 종종 있는 일 아닌가요. 리더 역시 여성인 경우라고 상상해볼까요. 그것도 인정 많고 친근한 여자 팀장의 경우라면, 아마 팀원이 이렇게 말하는 것을 끝까지 듣는 경우는 대부분 거의 없으실 것입니다. 술을 진탕 마셨다고 하는 순간 자연스럽게 팀장님은 중간에 끼어들어서 왜 헤어지자고 했다는 거냐, 그렇다고 술을 그렇게 마시면 어떻게 하느냐 하면서 팀원들의 말이 진행되고 있던 것을 끊는 경우가 많을 것입니다. 그러다 보니 팀원이 자기가 원래 하려고 했던 얘기를 끝까지 하는 경우가 거의 없는 상황이 만들어지게 됩니다. 중간에 리더가 팀원의 말을 인터셉트하면 대화는 기존의 것과 전혀 다른 양상으로 펼쳐지게 되고, 팀원은 할 말을 끝까지 마치지 못하게 될 수도 있습니다. 남친과 왜 헤어지게 되었는지에 대한 팀장님의 애정 가득한 인터셉트로 결국 팀원은 '감기

기운이 있다는 말'은 하지 못하게 될 수도 있겠지요.

 이런 상황에서 그렇다면 리더는 어떻게 하는 것이 더 효과적일까요? 바로 앞의 예시와 같이 팀원이 자신의 이야기를 쏟아놓을 때 팀장님은 "남자친구랑… 술도 많이…(침묵 유지)" 등과 같이 적절한 타이밍에 침묵과 미미킹을 사용해주셔야 합니다. 그러면 팀원은 팀장님이 내 얘기를 잘 듣고 계시구나라고 무의식적으로 받아들이게 되고 더 얘기해도 되겠다 싶어서 계속 말을 이어가는 결과를 낳게 됩니다.

 이렇게 현재 상대방이 이야기하는 내용의 핵심 단어들을 상대방의 목소리톤에 맞추어 그냥 살짝 반복해주고 침묵을 유지한다는 것은 결국 상대방이 말을 계속하도록 만듭니다. 그리고 실제로 침묵을 적절하게 활용하면 상대방이 전혀 예상하지 못했던 말들을 쏟아내게 만드는 경우도 많습니다. 예를 들어 어떤 구성원들의 경우 리더에게 와서 할 얘기를 미리 준비해 오는 경우도 있는데, 그 이야기가 다 끝난 이후에도 리더가 침묵하고 있다면 본인이 준비하지 않았던 얘기도 할 수 있게 됩니다.

 준비하진 않았지만 내면에는 있었던 생각들을 구성원이 표현하고 있다는 것은 리더 입장에서 환호할 일입니다. 구성원을 더 잘 이해하고 소통할 수 있는 길이 열리는 것이기 때문입니다.

2) 공감하기

 공감하기는 구성원이 표현하는 감정이나 느낌을 리더가 직접 언어로 표현하여 그 감정을 받아들이고 있음을 보여주는 기술입니다. 이는 구성원이 자신이 느끼는 감정에 대해 리더가 이해하고 있음을 느끼게 하며, 그 과정에서 리더와 구성원 간의 신뢰를 형성하게 됩니다.

공감을 표현할 때 가장 중요한 것은 구성원의 감정을 정확하게 파악하는 것이 아니라, 그 감정을 함께 표현해주는 것입니다. 감정을 잘못 이해하더라도, 리더가 구성원의 감정을 터치하고자 하는 그 시도가 구성원에게는 큰 의미가 있습니다. 침묵과 미미킹 파트에서 사용되었던 대화의 예시에 공감하기를 적용해본다면 아래와 같이 대화가 전개될 수 있습니다.

팀원:　　어제 남자친구랑 헤어져서 정말 힘들었어요.
팀장:　　아, 정말 힘들었겠구나. 얼굴이 많이 안 좋아 보여.
팀원:　　맞아요, 팀장님. 어제 정말 많이 슬펐어요…

'힘들었어요.', '힘들었겠구나.'처럼 비슷한 표현을 반복해서 주고받고 있습니다. 위와 같은 대화를 제3자가 볼 때는 똑같은 내용과 말을 서로 저렇게 주고받는 것이 면담에 과연 효과가 있는 것인가 라고 생각할 수 있는데 그것은 잘못된 생각입니다. 팀장의 말을 듣고 '맞아요.'라며 대답한 팀원의 의식 속에는 팀장님이 내 마음을 이해해 주고 계시는구나 라는 생각이 자리 잡게 됩니다. 팀장님이 '내 감정을 이해해 주고 있다.', '내 감정에 대한 표현을 해줬다.'라는 것이 마음속에 인식이 되는 순간, 구성원 입장에서 팀장님은 '내 마음을 알아주는 분', '나를 이해해주는 분'이라 각인이 됨과 동시에 신뢰감도 올라가게 됩니다. 이 상황에서 팀장과 팀원 사이에는 '공감의 방'처럼 마음 안에 상대방을 허락할 수 있는 공간이 형성되게 됩니다.

그러나 공감하기를 하지 않으면 이와 같은 공감의 방은 절대 만들어지지 않습니다.

이와 같이 침묵과 미미킹, 공감하기 등의 대화 Skill들을 적절히 조화롭게 사용할 때, 구성원은 자신이 진정으로 존중받고 있고 깊이 이해받고 있다는 느낌을 받을 수 있습니다. 침묵과 미미킹은 구성원이 자신의 이야기를 할 수 있는 충분한 시간을 주고, 공감은 그 이야기가 리더에게 잘 전달되고 있다는 확신을 줍니다. 이러한 조화는 대화가 일방적으로 리더의 지시에 의해 진행되지 않고, 구성원이 대화의 주도권을 가지는 건강한 면담을 가능하게 합니다.

3단계 '깊은 대화하기'는 리더가 침묵, 미미킹, 공감하기 등의 기술을 사용하여 구성원의 마음을 열고, 구성원이 스스로 자신의 감정을 표현하게 돕는 단계입니다. 이 단계에서 리더는 자신의 판단을 미루고 구성원의 이야기를 경청하며, 구성원이 말하고자 하는 바를 충분히 이끌어내야 합니다. 침묵과 미미킹을 통해 구성원이 대화를 주도하게 하고, 공감을 통해 구성원의 감정을 인정하는 과정에서 리더와 구성원 사이의 신뢰가 깊어집니다. 이러한 깊은 대화는 구성원의 성장과 리더십 강화를 위한 중요한 밑거름이 될 것입니다.

4단계: 인정하기 - "변화를 이끌어내는 마무리"

대화의 마지막 단계는 구성원의 행동 변화를 실질적으로 이끌어내기 위해 인정하기를 통해 구성원을 격려하고, 그들의 성장을 촉진하는 것입니다. 이 과정에서는 구성원의 성과나 태도를 진심으로 인정하며 그들에게 동기부여를 제공하는 것이 중요합니다.

　많은 리더가 칭찬과 인정을 혼동하지만, 두 개념은 명확한 차이가 있습니다. 칭찬은 일시적으로 기분을 좋게 만드는 반면, 인정은 더 깊이 남아 구성원에게 지속적인 영향을 미칩니다. 칭찬은 "좋았어", "멋있다" 같은 표현으로 순간적인 만족감은 주지만, 그 만족감은 곧 휘발됩니다. 반면, 인정은 구성원의 행동이나 노력에 대해 구체적으로 언급하며, 그 결과 구성원에게 역량으로 남겨지게 됩니다. 예를 들어, 구성원이 팀 분위기를 좋게 만드는 옷을 입고 왔다면 단순히 "옷 예쁘다"라고 칭찬하는 대신, "너의 센스가 정말 돋보여, 덕분에 팀의 분위기가 더 좋아진 것 같아"라고 인정합니다. 구성원은 리더로부터 '센스있는 사람'으로, 센스라는 역량을 인정받게 된 것입니다. 이는 구성원에게 자신의 영향력을 인식하게 하여, 이후에도 비슷한 긍정적인 행동을 지속하게 하는 동기를 부여합니다.

　인정은 구성원의 자부심과 책임감을 자극하며, 그들의 실행력을 높이는 데 큰 역할을 합니다. 구성원은 자신이 인정받는 영역에서 더 큰 성과를 내고 싶어 하며, 리더의 인정을 통해 조직 내의 자신의 가치를 확인합니다. 한가지 예를 더 들어보겠습니다. 구성원이 퇴근 후 면담 내용을 정리하여 모니터 옆에 붙여 두었다면, 이를 발견한 리더는 이렇게 말할 수 있습니다. "너의 자리에 면담 내용을 정리해 둔 종이를 봤어. 정말 감동받았다. 업무 이야기이긴 했지만 나와의 면담 대화를 소중히 여기고 그것을 실천하려고 하는 거잖아. 이런 것만 봐도 넌 정말 추진력 있는 사람이라는 생각이 든다. 정말 자랑스러워. 어때?" 이렇게 구성원의 역량 중심으로 표현함으로써, 구성원은 자신의 추진력이 인정받았다는 것을 느끼며 이후에도 더 큰 추진력을 발휘하려고 노력하게 됩니다.

구성원이 어떤 행동을 했을 때, 리더가 이를 구체적으로 인정해주는 것은 굉장히 중요합니다. 단순히 "잘했어", "수고했어"와 같은 일반적인 표현이 아닌, 인정의 대상과 그 결과를 구체적으로 표현해주어야 합니다. 이러한 표현의 예를 살펴보겠습니다.

"이번 프로젝트에서 네가 보여준 책임감 덕분에 팀 전체가 훨씬 더 수월하게 일할 수 있었어. 어떻게 생각해?"

"내가 지시하지도 않았는데 네가 스스로 팀원들을 챙기고, 팀원들 한 명 한명에게 집중해주는 모습을 보면서 네 배려심이 얼마나 큰지 느껴지더라. 어때?"

이런 형태의 구체적이고 역량중심의 인정은 구성원에게 자신이 팀에 기여하고 있다는 자부심과 존재감을 확인하고, 이후에 더 나은 퍼포먼스를 과감히 시도하는 동력이 됩니다.

많은 경우, 리더들은 구성원이 자신이 원하는 기준의 수준에 도달하지 못하면 구성원을 인정해주지 않는 경향이 있습니다. 그러나 구성원이 완벽하게 리더의 기대에 부합하지 않더라도, 그들이 보여주는 작은 성장이나 노력은 충분히 인정받아야 합니다.

예를 들어, 평소 추진력이 부족한 구성원이 좀처럼 드러나지 않는 추진력을 작은 일에서나마 드러냈다면, 리더는 어떻게 해야 할까요. 여전히 기준치 이하이기에 함구하고 그냥 지나쳐야할까요? 리더는 단 1%의 추진력이라도 구성원으로부터 확인했다면, 추진력이라는 역량이 구성원에게 있는 거라고 강력하게 인정해 주어야합니다. 추진력이 부족한 구성원의 추진력은 그 순간부터 발휘되기 시작할 것입니다. 리더가 끝까지 인정하지 않는다면 그 구성원의 추진력은 세상 밖으로 드러날 수 없습니다.

누군가는 가능성의 눈으로 구성원을 바라봐 주어야 합니다. 리더가 인정하기 전까지 존재하지 않던 추진력이 리더가 인정하는 순간부터 구성원에게는 하나의 역량으로 자리하게 됩니다. 리더가 확인하고 인정하는 단 1% 역량은 구성원에게는 100%로 끌어올릴 수 있는 희망의 메시지입니다.

구성원에게 이미 있는 역량을 인정해야 합니다. 이미 갖춰져 있는 구성원의 역량도 그냥 지나치치 말아야 합니다. 리더는 구성원이 리더의 기준에 완벽할 때만 인정하는 것이 아니라, 작은 역량과 성과에도 진심으로 반응하며 그들의 성장을 돕는 역할을 해야 합니다. 그 시작은 표현하는 것입니다. 인정하는 것입니다. 이는 구성원들이 자신감을 가지고 더 큰 목표를 향해 나아가도록 격려하는 중요한 과정입니다.

대화의 마지막 단계에서 리더는 구성원의 행동 인정하기를 통해서 그들이 더 나은 성과를 낼 수 있도록 긍정적인 변화를 이끌어냅니다. 인정은 단순한 칭찬을 넘어 구성원에게 지속적인 동기부여를 제공하고, 그들의 자아 존중감을 높이며, 결국 행동의 변화를 만들어냅니다. 리더의 인정은 구성원들에게 자신이 소중한 존재라는 느낌을 주고, 그들의 역할에 대한 자부심을 느끼게 하며, 더 나은 팀워크와 성과로 이어지게 합니다. 리더는 구성원의 작은 역량과 성과도 놓치지 않고 인정함으로써 그들의 지속적인 성장을 돕고, 팀 전체의 긍정적인 변화를 이끌어내야 한다는 사실, 절대 잊지 마시길 바랍니다.

소통의 기술! 한번 적용해볼까요?

1. 면담 대화의 초기 세팅 단계에서 리더가 구성원에게 전달하고자 하는 메시지는 무엇인가요?

(Tip! 면담이 구성원의 성장을 위한 중요한 시간이라는 점을 인식하게 하는 것입니다.)

2. 대화 시작 단계에서 호칭 정리가 중요한 이유는 무엇인가요?

(Tip! 면담이 평소의 대화와는 다른, 공적인 시간임을 강조하기 위해서입니다.)

3. 대화의 깊은 단계에서 침묵과 미미킹을 사용하는 이유는 무엇인가요?

(Tip! 구성원이 자신의 생각을 충분히 말할 수 있는 시간을 제공하고, 리더가 경청하고 있음을 표현하기 위해서입니다.)

4. 인정하기 단계에서 칭찬 대신 구체적으로 인정하는 것이 중요한 이유는 무엇인가요?

(Tip! 구성원의 행동과 노력을 구체적으로 언급함으로써 지속적인 동기부여를 제공하기 위해서입니다.)

5. 작은 성과를 인정하는 것이 중요한 이유는 무엇인가요?

(Tip! 작은 성과도 인정함으로써 구성원의 자아 존중감을 높이고, 더 큰 성과를 내도록 격려하기 위해서입니다.)

7장.

소통 잘하는 리더가 되는 지름길

7장.
소통 잘하는 리더가 되는 지름길

면담은 단순히 정보만을 전달하기 위한 것이 아니다

여러분은 지금까지 구성원과 소통을 잘하는 리더가 되기 위한 기초 지식과 실전에서 응용할 수 있는 사례 기반의 방법들을 익혀 오셨습니다. 이제 대화 과외의 마무리 챕터가 될 이번 장에서는 소통의 최전선, 구성원과의 면담에서 발휘되어야 리더의 역량이 무엇인지 다시 한번 정리하고자 합니다.

많은 리더가 면담을 통해 구성원들에게 정보를 명확하게 전달하고, 그들이 이를 잘 이해하는지 확인하는 데 집중합니다. 물론 이러한 정보 전달 면담도 중요한 역할을 하지만, 정작 구성원이 이를 적극적으로 행동에 옮기지 않는 경우가 많다는 점을 발견하셨을 것입니다. 이는 단순히 지식의 전달만으로는 부족하기 때문입니다. 구성원이 스스로 하고자 하는 의지를 갖게 하는 것이 성과를 높이는 핵심 요소라는 점을 이해해야 합니다.

성과가 좋은 구성원들은 스스로 동기를 가지고 움직입니다. 그들은 리더가 굳이 뒤에서 밀어붙이지 않아도 자발적으로 높은 성과를 내며,

리더는 이들에 대해 큰 걱정을 하지 않아도 됩니다. 반면 성과가 낮은 구성원들은 아무리 좋은 정보를 제공해도 좀처럼 행동으로 옮기지 않는 경우가 많습니다. 결국 이 차이는 '스스로 하고자 하는 의지'에서 비롯된다는 것을 알 수 있습니다.

우리의 목표는 어떻게 하면 구성원들이 스스로 하고자 하는 의지를 가지도록 도울 수 있는가입니다. 이는 마치 자동차의 엔진과 같습니다. 구성원이 스스로 움직일 수 있는 동력, 즉 내적 동기가 필요하며, 이 동기를 제공하는 것이 바로 리더가 구성원과 수행하는 면담의 핵심 역할입니다. 푸시하는 방식의 리더십은 일시적인 효과를 낼 수는 있지만, 장기적으로는 구성원의 저항감을 불러일으킬 수 있습니다. 구성원들이 진정으로 안정감을 느끼고 스스로 움직이도록 돕는 것이 더 효과적입니다.

이제 우리는 구성원들에게 정보를 단순히 전달하는 면담에서 벗어나, 구성원들이 자발적으로 동기를 가질 수 있도록 돕는 면담으로 변화하기 위해 어떻게 할 것인가를 살펴보려고 합니다. 리더인 여러분이 조직의 구성원들에게 동력을 제공하고, 이를 통해 구성원의 실행력을 높인다면, 조직 전체에 긍정적인 변화가 일어날 것입니다.

이번 장에서는 이러한 면담 방식을 세 가지 테마로 나누어 다루고자 합니다. 첫째, 성과 피드백 면담을 통해 구성원들이 피드백을 통해 성장할 수 있도록 돕는 방법을 살펴봅니다. 둘째, 행동 촉진 면담에서는 구성원들의 마음가짐과 행동 변화를 이끌어낼 수 있는 면담 기법을 다룹니다. 셋째, 마인드 케어 면담에서는 구성원들에게 지속 가능한 동력을 제공하는 방법을 논의할 것입니다.

리더로서 구성원의 성과는 숫자에 불과하지만, 우리는 그 숫자 뒤에 숨겨진 원인과 과정을 바라보아야 합니다. 구성원의 행동을 이끌어내고, 동기를 부여하는 진정한 리더십을 발휘할 기회를 이번 장을 통해 얻으실 수 있으리라 확신합니다.

성과피드백 면담 역량 I. 최소한의 동의를 위해 노크를 한다

성과피드백을 위한 면담은 리더분들이 자주 수행하게 되는 면담의 형태 중 하나입니다. 그리고 아무래도 성과에 대한 피드백이다 보니 사전 준비도 많이 하게 되죠. 보통은 현재 성과에 대한 리뷰, 평가 결과, 더 개선하기 위한 조언과 의견 나눔 등의 순서로 진행되기 쉽습니다. 이 과정에서 많은 리더들이 '조언'을 잘 해주기 위해 정말 좋은 자료와 조언을 준비해 오시죠. 팀장님들께서 팀원을 위해 자신의 노하우를 아낌없이 나누고, 평가 자료도 정성껏 준비해서 '정말 좋은 이야기'들을 전해주십니다. 그런데 구성원이 "알겠습니다"라고 말은 하지만, 행동으로는 전혀 옮기지 않는 상황, 정말 답답하실 때가 많죠. "내가 너무 잔소리꾼 같았나?" 하는 생각이 들 때도 있고요.

여기서 구성원의 행동을 이끌어낼 수 있는 중요한 열쇠는 바로 '최소한의 동의'입니다. 최소한의 동의란, 구성원이 리더의 조언을 받아들이고 그것을 자신의 것으로 만들 준비가 되었는지를 확인하는 것입니다. 단순히 "네, 좋습니다"라고 말하는 것에서 그치는 게 아니라, 그들이 진짜로 내 말을 이해하고 수용할 준비가 되어 있는지 보는 것이죠. 그래서 조언을 던지고 끝내는 대신, 상호작용을 통해 그들이 자발적으로 참여하도록 이끄는 게 중요합니다.

'노크를 한다'는 것은 이 최소한의 동의를 얻기 위한 과정입니다. 마치 문을 열기 전에 살짝 노크를 해서 상대방이 준비할 수 있는 시간을 주는 것처럼요. 예를 들어, "내가 아는 팁이 하나 있는데, 네가 원하는 걸 해결하는 데 도움이 될 것 같아. 잠깐 공유해봐도 괜찮을까?"라고 먼저 물어보는 거죠. 이렇게 물어보면 구성원에게 선택의 여지를 주고, 그들이 스스로 수용할 준비가 되었는지 확인할 수 있습니다.

이렇게 먼저 '노크'를 하고, 구성원이 "네, 알려주세요"라고 반응하면 그 조언은 훨씬 더 효과적으로 받아들여지게 됩니다. 여기서 중요한 건, 구성원이 조언을 받아들이는 과정에서 그들이 스스로 생각하고 판단할 기회를 갖게 된다는 거예요. 단순한 정보 전달이 아니라, "넌 어떻게 생각해?"라고 한 번 더 물어보는 것입니다. 이렇게 하면 구성원이 리더의 조언을 자신의 언어로 정리하게 되고, 이를 통해 머리와 가슴에 깊이 각인됩니다. 이런 과정을 통해 실행력이 쑥쑥 올라가죠.

그렇다면 왜 최소한의 동의가 필요할까요? 구성원이 리더의 말을 듣고 이를 자신의 행동으로 옮기기 위해서는 그 말이 '자기 것'이 되어야 하기 때문이에요. 구성원이 자발적으로 받아들여야만, 그 정보가 실제 행동으로 이어질 수 있습니다. 그래서 단순히 지식을 전달하는 것이 아니라, 그 지식이 구성원의 내적 동기와 연결되도록 하는 과정이 필요합니다.

이렇게 접근함으로써 리더가 얻을 수 있는 효과는 크게 세 가지입니다. 첫째, 구성원이 리더의 조언을 듣고 나서 그것을 자신의 생각으로 정리하는 과정에서 실행력이 촉진됩니다. 둘째, 리더와 구성원 사이에 신뢰가 쌓여 조언이 단순한 잔소리가 아니라 진심 어린 도움으로 받아들여지게 됩니다. 셋째, 리더와 구성원 간의 사소한 오해가 사전에 방지되어 소통이 더욱 원활해집니다.

결국, 리더의 역할은 구성원에게 단순히 정보를 던져주는 것이 아니라, 그 정보가 구성원의 행동으로 이어지도록 돕는 것입니다. "어떻게 생각해?"라고 물어보며 구성원의 생각을 확인하고, 그들이 자발적으로 동기를 가지도록 유도하는 것이 진정한 리더십이죠. 이를 통해 구성원의 실행력을 높이고, 팀의 성과도 함께 성장시킬 수 있습니다.

성과피드백 면담 역량 II. 중립적으로 표현하기

성과에 대한 피드백 면담에서 숫자는 자주 등장할 수밖에 없습니다. 성과란 기본적으로 구체적인 숫자로 나타나는 경우가 많기 때문이죠. 이때 리더가 숫자를 어떻게 전달하느냐가 면담의 분위기와 효과에 큰 영향을 미칩니다. 특히, 이 숫자들을 감정이나 편향된 의견 없이, 가치 판단을 담지 않고 중립적으로 이야기하는 것이 중요합니다. 그래야 구성원과의 면담이 효과적으로 진행될 수 있습니다.

왜 그럴까요? 예를 들어 살펴보겠습니다. 팀장님들이 면담 중에 "정말 너무 많은 비용을 사용했더라" 혹은 "조금만 더 잘했으면 좋았을 텐데"라는 표현을 사용하시는 경우가 있습니다. 구성원을 진심으로 걱정하는 마음이 담긴 말들이긴 하지만, 이런 표현은 오히려 구성원에게 감정적 부담을 줄 수 있어요. 리더가 실적에 대해 너무 아쉬워하거나, 성과에 대해 과하게 감정적인 표현을 사용하면, 구성원은 스스로 판단해 볼 기회도 잃어버린 채, 팀장의 의견에 휩싸여 자신이 크게 잘못했다는 느낌을 받을 수 있죠. 주눅이 든 상태에서 무슨 유익한 대화가 오고 갈 수 있을까요.

그래서 중요한 건, 숫자나 데이터를 그 자체로 중립적으로 전달하는 것입니다. 그럼, 위에서 들었던 예시 문장을 이렇게 바꿔볼게요. "이번 달 비용은 예상보다 15% 더 사용되었습니다. 이 부분에 대해 어떻게 생각하시나요?"라고 말하는 거죠. 이렇게 하면 구성원이 스스로 수치를 해석하고, 자신의 생각을 표현할 기회를 줄 수 있습니다. 중요한 건, 구성원이 자발적으로 자신만의 해석을 하게 하는 겁니다.

또 다른 예시 문장도 이렇게 바꿔보겠습니다. "이번 성과는 지난달보다 10% 하향했습니다. 어떻게 생각하세요?" 이렇게 감정을 넣지 않은 중립적 질문을 받은 구성원은 자신만의 판단하고, 자신의 언어로 상황을 정리하게 됩니다.

리더가 감정이나 생각을 주입하지 않고 중립적으로 질문하였기에, 판단은 구성원의 몫이 되는 샘입니다. 리더의 질문에 답하는 과정에서 구성원의 해당 업무에 대한 실행력은 자연스럽게 올라가게 되는 것이죠.

이렇듯 리더가 구성원의 데이터에 대한 판단과 감정을 표현하지 않고 중립적으로 표현한다는 것은, 구성원이 스스로 자신의 데이터에 대해 판단할 기회를 제공한다는 측면에서 굉장히 효과적입니다. "노력이 부족했는지, 정말 아쉽지만, 인센티브를 놓쳤네요. 안타깝습니다."라고 말하는 대신, "이번에 2% 실적 부족으로 인센티브 조건을 충족하지 못했네요. 어떻게 생각해요?"라고 물어보는 거죠. 이렇게 하면 리더의 판단이 우선시되지 않는 대화 환경이 마련됩니다. 구성원이 스스로를 돌아보며 자신의 생각과 감정을 솔직하게 표현할 수 있는 공간도 대화 중 생겨나는 거구요.

잊지 말아야 할 것은, 구성원의 실행력은 누가 시켜서가 아닌, 스스로 자신에 대해 생각하고 표현하면서, 즉 인지하고 말하면서 실행력이 촉진된다는 것입니다. 리더는 2% 실적 부족이 아쉬워서 구성원의 노력이 부족했다고 얘기하고 있지만, 구성원 입장은 다를 수 있습니다. 인센티브까지는 부족했다 할지라도 본인의 개인적 상황과 업무 여건 안에서 치열하게 최선을 다했기에 후회가 없다고 생각하고 있을지도 모르는 거죠. 리더가 언급한 노력이 부족했다는 것과는 정반대의 생각을 하고 있을 수도 있습니다. 만일 그렇다면, 리더의 '노력 부족'이라는 표현을 들은 구성원은 일단 리더와 대화를 지속하고 싶은 마음이 사라질 것입니다. 중요한 건 구성원의 이런 진심과 진짜 생각들은 리더가 중립적으로 다가갈 때만 구성원의 입 밖으로 표현된다는 것입니다.

결국 리더가 중립적인 표현을 사용함으로써 구성원은 자신의 감정과 생각을 더 명확히 표현하게 된다는 것을 우리는 보게 됩니다. 그래서 항상 리더가 먼저 결론을 내려버리는 대신, 구성원에게 "이번 결과에 대해 어떻게 생각하세요?"라고 물어보는 것이 중요해요. 이렇게 하면 구성원이 자신의 관점에서 성과를 평가하고, 스스로 개선할 방법을 찾도록 촉진할 수 있습니다. 리더의 역할은 구성원을 일방적으로 몰아붙여서 성과를 달성하는 것이 아닙니다. 구성원이 성과를 자발적으로 평가하고, 성장할 수 있도록 돕는 것이죠. 평가 결과를 중립적으로 표현하고, 구성원의 생각을 경청함으로써 성과 피드백 면담이 더욱 효과적으로 이루어질 수 있습니다. 리더는 중립적인 자세를 유지하면서, 구성원이 스스로 자신의 성과를 바라보고 개선 의지를 가질 수 있도록 지원하는 것이 진정한 리더십입니다.

행동 촉진 면담 역량 I. 변명을 기회로!

성과에 대한 피드백 면담에 이어 본격적으로 구성원들의 행동 변화를 촉진하는 면담 역량에 대해 배워보겠습니다. 제목부터 약간 어색할 수 있는데요. '변명이 기회가 되다니, 말도 안 돼'라는 생각을 가지신 분도 분명히 있을 것이라고 생각합니다. 사실 우리 리더님들, 구성원이 변명할 때 속으로 '또 변명 시작이네, 그냥 인정하고 열심히 하면 될 텐데…'라고 생각하신 적 있으시죠? 오늘은 이 변명조차도 구성원의 행동을 촉진하는 기회로 활용하는 방법을 알아보겠습니다.

면담 중에 구성원이 변명을 하면 그 순간은 리더로서 중요한 기회입니다. 변명은 그냥 불평이 아니라, 그 사람이 가진 어려움이나 걱정이 표출된 순간일 수 있어요. 이때 "아, 이 사람 또 변명하네!"라고 생각하고 끝내는 대신, 변명 속에 담긴 구성원의 순수한 의도나 노력을 찾아내는 것이 핵심입니다. 예를 들어, 구성원이 "몸이 안 좋아서 현장에 나가서 고객들을 만나는 대신 전화로 이야기를 할 수밖에 없었어요."라고 변명한다고 해볼까요? 이때 "몸이 안 좋아? 진짜야? 왜 안 좋았어?"라고 따지고 들어가는 대신, 그들의 노력을 인지하고 격려하는 거예요. "그렇게 몸이 좋지 않았음에도 불구하고 변경 없이 일을 진행시키고자 했구나, 업무에 지장 없도록 추진해온 노력들이 곳곳에 보이는걸."이라고요.

이렇게 접근하면, 변명이 단순히 부정적인 것이 아니라, 리더가 구성원의 선한 의도를 찾아내는 계기가 됩니다. 사실 모든 사람은 자신만의 선한 의도가 있잖아요. 리더님들이 구성원의 변명 속에서도 그 1%의 노력이라도 찾아낸다면, 구성원은 '내 리더가 나를 이해해주고 있구나'라는 느낌을 받게 됩니다. 그리고 그게 동력이 되어서 더 열심히 하게 되는 거죠.

중요한 것은 변명을 문제로 보는 것이 아니라, 그 뒤에 있는 숨겨진 노력으로 보는 겁니다. "네 말처럼 집에 아이도 아팠고, 남편도 장기 출장 중인 상황이었지. 이번 프로젝트가 고비였다고 까지 말했잖아. 그럼에도 휴가 한번 쓰지 않고 철저히 시간 관리하며 업무를 강하게 추진하는 네 모습에서 프로젝트에 대한 순수한 열정, 책임감이 보이더라. 결과적으로 좀 부족했다는 평도 있지만 사실 난 너에게 감동했어. 어떻게 생각해?"라고 말해보세요. 변명을 기회로 삼아 구성원의 행동을 촉진하는 것은, 리더가 구성원의 잠재력을 믿고 그들을 격려하는 과정입니다.

물론, 변명 속에 99%의 핑계가 있을 수 있습니다. 하지만 그 속에서도 1%의 노력이나 의도를 찾아주는 것이 리더의 중요한 역할입니다. 그 작은 부분을 인지하고 격려할 때, 구성원은 그걸 계기로 자신의 행동을 바꾸게 됩니다. 변명의 내용 자체가 아니라, 그 변명 이후의 대화가 더 중요한 이유가 바로 여기에 있어요.

그러니 다음에 구성원이 변명을 한다면, 그 변명 속에서 그들이 무엇을 시도했는지를 찾고, 그 시도를 인정해 주세요. 그 작은 인정이 큰 변화를 만들어낼 수 있습니다. 구성원의 변명을 기회로 바꾸어, 그들이 스스로 더 나아지도록 돕는 것이 진정한 리더십 입니다.

행동 촉진 면담 역량 II. 거울로 생각 비추기

구성원이 성과가 잘 안 나와서 자신감을 잃었을 때 리더들은 항상 어떻게 도와줄지 고민하게 됩니다. 하지만 그렇다고 해서 바로 그 구성원에게 가서 "내가 도와줄 게 뭐야?"라고 물어봐도 구성원이 애매하게 대답하거나 "제 문제라서요…"라고 말하며 대화를 피할 때가 많았을 거예요. 뭐라도 도와주고는 싶지만 어떻게 해야 할지는 잘 모르겠는 참 난감한 상황이 종종 있습니다.

이런 상황에서 중요한 건, 리더인 여러분이 바로 뭔가를 '줘야 한다'고 접근하기보다, 그 구성원이 스스로 생각할 수 있도록 '거울' 역할을 해주는 겁니다. 이건 단순히 해결책을 제공하는 것보다 훨씬 강력한 효과를 낼 수 있어요. 왜냐하면, 구성원이 스스로 자각하고 그로 인해 실행 의지를 가지게 되는 게 진정한 변화의 시작이기 때문이죠.

예를 들어, 구성원이 "요즘 자신감이 없어요"라고 말했을 때, 리더님들이 흔히 하시는 접근은 "야, 너 잘하고 있어. 괜찮아, 얼마 전에 신규 계약도 하나 더 따왔잖아!" 같은 격려의 말을 건네는 거예요. 물론 이런 말도 따뜻하고 좋지만, 가끔은 구성원이 오히려 더 부담을 느끼거나 팀장님과의 대화에서 벗어나고 싶어 하는 경우도 생기게 됩니다.

이럴 때는, 거울처럼 그들의 생각을 비춰보세요. "자신감을 갖는 데 어떤 방법이 있을까?"라고 열린 질문을 던져보는 겁니다. 이렇게 질문을 던지면 구성원이 스스로 고민하고, 자신의 상황을 더 깊이 들여다보게 됩니다. 그리고 실장님이 질문을 하고 나서 잠시 침묵을 지켜보세요. 이 침묵의 시간이 구성원에게는 생각할 공간을 주는 거예요.

이 과정을 통해 구성원은 자신의 상황에 대해 스스로 자각하고, 무엇이 문제인지, 어떻게 개선할 수 있는지 생각하게 됩니다. 예를 들어, 구성원이 "제가 B2B 계약도 잘 처리하려면 다른 계약서 형식과 내용을 더 많이 보고 내 나름대로 신속하면서도 꼼꼼하게 계약을 잘 추진하기 위한 노하우를 별도의 노트에 정리해 놓아야 것 같아요"라고 구체적으로 대답할 수 있게 되는 거죠. 이 대답은 단순히 리더가 "이걸 해봐"라고 말하는 것보다 훨씬 강력합니다. 왜냐하면 이건 구성원이 스스로 생각해 낸 해결책이니까요. 누구나 자신이 생각한 방법에 대해 더 큰 책임감과 실행 의지를 갖게 됩니다.

이런 방식으로 구성원의 생각을 비추어주는 면담은 그들에게 자발성을 불어넣고, 리더로서의 여러분은 단순히 해결책을 제공하는 사람이 아니라 그들이 자신의 길을 찾을 수 있도록 돕는 '거울'이 되는 거예요. 거울은 답을 주지 않지만, 구성원이 자신을 스스로 비춰보며 내면의 답을 찾도록 돕는 중요한 도구입니다. 자신만의 해답을 찾은 사람은 행동이 기존과 다를 수밖에 없습니다. 구성원의 능동성과 추진력은 가르친다고 부여되는 것이 아닙니다.

결국 리더에게 중요한 건, 구성원이 스스로 자신의 문제를 인지하고 해결책을 찾는 과정을 돕는 것입니다. 팀장님들이 팀원에게 바로 해결책을 주기보다는, 그들이 스스로 생각할 기회를 주고, 이를 통해 실행력이 촉진되도록 하는 것이죠. 다음에 면담을 진행하실 때, 구성원이 고민하고 있을 때 바로 답을 주기보다는, 그들이 스스로 답을 찾을 수 있도록 열린 질문을 던져보세요. 그리고 그들의 생각을 비춰주는 거울이 되어주세요. 이렇게 구성원이 스스로 답을 찾고 실행에 옮기는 과정에서, 면담은 단순한 대화 이상의 의미를 갖게 됩니다. 그리고 리더십은 소통이라는 기반 위에 든든히 세워지게 될 것입니다. 면담을 하면 스스로 답을 찾게 해주는 리더를 경험한 팀원들은 반드시 그 리더를 따를 수밖에 없게 됩니다.

마인드케어 면담 역량 I. 대화의 시작은 편안하게

성과 피드백 면담과 행동 촉진 면담을 통해 구성원이 대답을 바꾸고 행동까지 변화시키는 효과적인 노하우들에 대해 나누었죠. 그런데 막상 이렇게 효과적인 면담이라도 면담을 시작할 때, 어떤 말부터 꺼내야 할지 잘 몰라 고민이 되는 경우가 많이 있었을 것입니다. 이번엔 그 첫걸음을 어떻게 떼야 할지, '편안하게 대화 시작하기'에 대해 이야기해 보겠습니다.

면담을 시작할 때, 보통 어떤 말을 먼저 꺼내시나요? 예를 들어, "요즘 뭐 어려운 거 없어?" 아니면 "내가 왜 불렀는지 알지?" 같은 말들로 시작하곤 하죠. 이런 멘트를 들었을 때 구성원들은 어떨까요? 사실 대부분의 구성원이 이런 질문에 당황하거나, '내가 뭐 잘못했나?' 하는 생각에 긴장하게 됩니다. 리더인 여러분들도 여러분의 상위자가 "내가 왜 부른지 알지?"라고 묻는다면, 순간적으로 머릿속이 하얘지며 긴장하지 않을까요?

이렇게 경직된 분위기로 시작된 대화는 결국 서로의 에너지를 소모하게 만들 뿐입니다. 아무리 좋은 피드백이라도, 긴장된 상태에서 들으면 온전히 받아들이기 힘들죠. 그래서 면담을 시작할 때는 리더님들 스스로 먼저 편안하고 가볍게 분위기를 만드는 것이 중요합니다. 이를 위해서는 우선 나 자신부터 편안한 상태인지 살펴보세요. 내가 경직되어 있지는 않은지, 혹시 지금 면담에서 언쟁을 벌이려는 마음이 있는 건 아닌지, 얼마나 편안하게 이 대화를 이끌어갈 수 있을지 생각해 보시길 바랍니다. 그러고 나서, 구성원에게 긍정적인 질문으로 대화를 시작하는 것이 좋습니다.

예를 들어, "요즘 어떻게 지내고 있어?" 또는 "오늘은 좀 어때?" 같은 질문을 던져보세요. 이런 질문은 구성원이 자신의 상황을 자연스럽게 이야기하게 만들고, 대화의 문을 여는 역할을 합니다. 중요한 건 부정적인 질문, 예를 들면 "요즘 어려운 일 없었어?"와 같은 표현을 피하는 거예요. 이런 부정적인 질문은 구성원이 어려운 것만 떠올리게 하고, 면담의 시작부터 무거운 분위기를 만들기 쉽습니다.

긍정적인 질문으로 시작하는 것을 통해 구성원의 마음을 열 뿐 아니라 나의 마음도 마인드를 열고 상대방을 존중하려는 마음을 준비하고 있음을 전달할 수 있습니다. "어떻게 지내?"라고 묻는 순간, 리더님은 이미 마음을 열었고, 그 마음이 구성원에게도 전달되기 시작합니다. 이는 구성원에게 존중받고 있다는 느낌을 주며, 대화를 더 깊이 있게 만들죠.

구성원이 자신에 대해 더 이야기하도록 촉진하고, 그들의 생각을 존중하는 분위기를 만들면 신뢰도도 높아집니다. 구성원이 단순히 데이터를 넘어서, '나'라는 사람으로 인정받고 있다고 느끼게 된다면, 이 면담은 성과를 높이는 데도 훨씬 큰 효과를 발휘할 수 있습니다. 그러니 다음 면담부터는 '부정적인 질문' 대신 '긍정적인 질문'으로 가볍게 대화를 시작해 보세요. 그리고 구성원의 이야기에 귀를 기울이며, 그들이 스스로 이야기할 수 있는 공간을 만들어주세요. 이 작은 변화가 면담의 분위기를 바꾸고, 구성원에게 진정한 동기부여를 줄 수 있을 겁니다.

마인드케어 면담 역량 II. 대화를 마무리할 때 기억해야 할 3가지

대화를 어떻게 시작해야 하는지 배웠으니, 이번에는 그 마무리를 아름답게 하는 법을 알아보죠. 대화의 마무리 또한 면담의 중요한 부분으로, 대화 전체의 질을 결정짓는 중요한 요소입니다. 대화를 마무리할 때 가장 중요한 것은, 마무리가 단순한 종료가 아닌 '새로운 시작'의 기회가 될 수 있도록 하는 것입니다. 면담의 마지막 순간은 그동안 나눴던 이야기들을 농축해, 구성원에게 힘을 주고 실행력을 끌어올릴 수 있는 시간으로 만들어야 합니다. 이를 위해 세 가지 방법을 제안드립니다.

1) "오늘 면담 어땠나요?"라는 질문으로 대화의 마무리를 시도하기

면담이 마무리될 무렵, 구성원에게 부드럽고 따뜻하게 질문합니다. "오늘 저와의 면담이 어땠나요?" 대부분의 구성원은 상위자와의 대화에서 긴장하기 마련입니다. 하지만 이 질문을 받으면, 면담이 끝났다는 인식이 들면서 구성원은 긴장을 풀기 시작합니다. '아! 이제 마무리 되어가나 보다.' 하고요. 구성원의 마음이 열리는 타이밍입니다. 이때 구성원은 더 솔직하게 자신의 생각을 표현할 수 있게 됩니다. 이 부분이 굉장히 중요합니다. 이때가 구성원의 진솔한 마음을 알 수 있는 '진한 액기스' 같은 시간이 될 수 있기 때문입니다.

리더와 구성원은 함께 방금 진행한 '면담' 이라는 주제를 놓고, 서로 편안하게 잡담 같은 대화의 타이밍을 갖도록 합니다. 마치 함께 영화를 관람하고 밖으로 나오면서 "영화 어땠어?" 라고 질문하며 이런저런 이야기를 나누는 장면처럼 말이지요. 경직되어있던 면담이라는 틀을 벗어던지고 자유롭고 편안하게 얘기하는 시간이라 여겨도 좋습니다. 긴장이 풀린 구성원의 다양한 관점을 들을 수 있는 유익함이 바로 이 타이밍에서 시작됩니다.

구성원이 짧게 "좋았어요" 혹은 "괜찮았어요"라고 대답할 수도 있습니다. 이럴 때 당황하지 말고, "어떤 부분이 좋았는지 조금 더 말해줄래?"라고 진정성을 담아 열린 질문을 해보세요. 이를 통해 구성원의 생각을 더 깊이 들여다볼 수 있고, 구성원도 자신의 감정을 더 명확히 표현하게 되는 중요한 순간이 될 수 있습니다.

2) 면담에서 표현하지 못했던 공감과 인정을 푸짐하게 나누세요

 마무리 대화의 모든 소재는 이미 앞서 나눈 면담 속에서 찾아낼 수 있습니다. 그 소스들을 토대로 리더님이 면담 중에 미처 표현하지 못했던 공감이나 인정을 푸짐하게 해주세요. 예를 들어, 방금 면담 속에서 구성원이 어려운 상황에서도 열심히 노력하고 있는 모습을 발견했었다면, "오늘 면담을 통해 대리님이 이 어려운 상황에서도 능동적으로 업무를 추진하고 있음을 느꼈어요. 아까는 말을 끊을 수가 없어서 표현 못 했지만 정말 인상 깊었어요. 어때요?"라고 진솔하게 표현하는 겁니다.

 '어때요?'라고 구성원에게 배턴을 넘기는 것이 중요합니다. 지금은 면담이 종료되는 시점이고 서로 긴장을 풀고 나누는 편안한 대화입니다. 면담 안에서의 공감과 인정도 좋지만, 면담 마무리 단계에서의 긴장이 풀린 자유로운 분위기에서의 공감과 인정을 주고받는 것은 더 의미가 각별합니다. "아! 아까 그 얘기 말씀이죠. 잊지 않고 이렇게 짚어주셔서 정말 감사합니다. 그 부분을 인상적으로 봐주시니 참 힘이 되네요 팀장님."

 오늘 면담 속 리더인 나는 어땠는지에 대해서 구성원에게 질문해 보는 것도 좋습니다. "오늘 면담 속에서 저는 좀 어땠어요?" 라고요. 구성원으로부터 어떤 회신이 올까요? 대부분의 구성원은 이런 회신을 할 것입니다. 오늘 면담 자리 자체에 대한 감사함, 면담 내용에 대한 기억할 부분, 대체로 리더로부터 얻은 에너지와 향후 자신의 업무에 대한 기대감에 대한 내용들이 많을 것입니다. 리더님이 그렇게 면담을 하셨기 때문입니다.

구성원의 대답들은 모조리 리더에게는 소중한 리더십 자산과 같은 내용들일 것입니다. 구성원이 전하는 진심을 충분히 수용하고 누리시기 바랍니다. 이렇게 리더는 구성원과 면담 자체만으로도 에너지를 얻고 리더십을 발휘할 동력을 얻을 수 있습니다. 이것이 그 어떤 외부 교육을 받는 것 보다 더 가치 있을 것입니다. 명심하세요. 구성원과의 면담은 그 자체가 리더에게 배움이고, 리더로서 살아갈 힘을 얻는 소중한 기회가 되어줍니다.

3) 마무리 질문으로 구성원의 동의를 구하세요

마지막으로, 면담을 종료할 때 "오늘 여기서 마무리해도 괜찮을까요?"라고 동의를 구하는 질문을 던지세요. 단순히 "이만 마무리하자. 자리로 돌아가면 돼"라고 말하는 것과는 완전히 다른 에너지가 담긴 말입니다. 이 질문은 구성원에게 면담 종료에 대한 발언권과 선택권을 동시에 부여하며, 그 순간 갖게 되는 주도성은 구성원의 잠재의식 속에 긍정적으로 남겨지게 됩니다. 구성원은 자신이 존중받았다는 느낌을 가지고 자리로 돌아갈 수 있으며, 좋은 에너지가 유지된 상태로 업무에 임할 수 있게 됩니다.

존중받은 사람이 남도 존중할 수 있습니다. 마무리 질문까지 섬세하게 배려하는 리더의 방향은 매우 빠른 속도로 조직 문화가 되곤 합니다. 구성원들이 금방 카피하고 따라 하게 될 것이기 때문입니다. 구성원들은 리더로부터 빠르게 정보를 모으고, 시도하며 습득합니다. 그래서 리더가 원하는 조직의 모습이 있다면 리더 먼저 실행하면 됩니다.

"이만 끝! 자리로 돌아가!"하고 리더가 면담을 건조하게 마무리하면, 구성원들은 빠른 속도로 리더의 스타일을 모방할 것입니다. 조직은 꼭 필요한 말만 하고, 직설적으로 표현을 주고 받는 소통체계로 굳어지게 되기 쉽습니다. 조직의 모습은 언제나 리더의 얼굴과 같습니다.

이렇게 세 가지 방법으로 대화를 마무리하면, 면담이 구성원에게 단순한 지시나 피드백이 아닌 진정성 있는 대화로 남겨지게 됩니다. 면담의 결과를 구성원이 실제로 행동에 옮길 확률도 크게 높아지게 되죠. 그러니 이 세 가지 방법을 꼭 기억하시고, 다음 면담에서 적용해보세요. 리더인 여러분이 직접 실행해보는 것이 가장 중요합니다.

알고 있는 것과 할 줄 아는 것이 다르고, 할 줄 아는 것을 실제로 행동으로 옮기는 것은 모두 각각 다른 차원의 일입니다. 면담은 실행을 전제로 합니다. 마주하지 않으면 나아갈 수 없습니다. 이 책을 수시로 읽고 업무 현장에서 이루어지는 면담에 적극 활용하시길 바랍니다.

기억하십시오! 면담은 실행입니다. 실행하면 구성원이 자라고, 조직이 성숙을 향하게 되며, 신뢰감 있는 리더가 탄생합니다. 그 리더가 당신이 되길 소망합니다.

소통의 기술! 한번 적용해볼까요?

1. 성과 피드백 면담에서 '최소한의 동의'를 얻는 이유는 무엇인가요?

(Tip! 구성원이 리더의 조언을 자발적으로 받아들이고 행동으로 옮기도록 돕기 위해서입니다.)

2. 중립적인 피드백을 제공하는 것이 중요한 이유는 무엇인가요?

(Tip! 구성원이 자신의 성과를 자발적으로 평가하고, 개선할 방법을 찾을 수 있도록 하기 위해서입니다.)

3. 변명을 기회로 삼아야 하는 이유는 무엇인가요?

(Tip! 변명 속에서도 구성원의 순수한 의도나 노력을 찾아 긍정적으로 강화하기 위해서입니다.)

4. 구성원의 자각을 돕기 위해 리더가 해야 할 역할은 무엇인가요?

(Tip! 구성원이 스스로 생각하고 해결책을 찾을 수 있도록 돕는 '거울' 역할을 하는 것입니다.)

에필로그:

신뢰와 소통으로 향하는 리더십의 여정

여기까지 리더 대화 과외를 잘 받으신 여러분, 정말 수고 많으셨습니다. 저는 이 책의 전체 내용 속에서 소통이 단순히 말의 주고받음이 아니라, 상대방을 이해하고 신뢰를 쌓아가는 과정이라는 점을 계속해서 강조해 왔습니다. 이것은 소통이라는 과목에서 우수한 성적을 받을 수 있도록 도와주는 핵심 개념이기도 합니다. 여러분은 또한 신뢰가 결코 타고난 능력이 아니라 누구나 배우고 연습할 수 있는 기술임도 배웠습니다. 이 책의 각 장에서 다룬 다양한 소통의 기술과 면담의 실제 응용 사례들은 바로 여러분이 리더로서 더욱 성장할 수 있는 도구들이 될 것입니다.

이 책을 통해 여러분에게 전하고 싶은 가장 중요한 메시지는 "신뢰는 하루아침에 쌓이는 것이 아니며, 작은 행동들이 쌓여 신뢰를 만들어낸다"는 것입니다. 서로의 이야기에 귀 기울이며 경청하고, 상대방의 감정에 공감하고, 그들의 노력을 진심으로 인정하는 과정에서 신뢰는 자연스럽게 형성됩니다. 이는 마치 씨앗을 심고 물을 주며 정성껏 돌보는 것과 같습니다. 결과를 단숨에 얻고 싶어도, 꾸준한 관심과 시간이 필요합니다. 리더로서 여러분의 역할도 이와 같습니다.

이 책이 특별히 유용한 이유는, 정형화된 리더십 이론이나 소통의 원칙을 넘어 실질적이고 실무적인 면담 상황을 다루었기 때문입니다. 여러분은 이 책을 처음부터 끝까지 정독해도 좋습니다. 하지만 제가 여러분에게 더욱 기대하는 것은 이 책이 여러분의 일상 속에 실질적인 도구로 자리 잡기를 바란다는 점입니다. 이 책은 여러분이 구성원과 면담을 앞두고 긴장되거나, 어떤 식으로 접근해야 할지 감이 오지 않을 때, 필요한 내용을 빠르게 찾아 읽고 즉시 활용할 수 있도록 구성하였습니다. 면담 10분 전에, 이 책의 특정 부분을 읽고 대화에 나선다면, 그 순간이 여러분과 구성원 사이의 진정한 소통과 신뢰의 시작점이 될 것입니다.

　성공하는 리더십은 성공적인 대화에서 시작됩니다. 구성원들과의 관계를 단단히 하고 그들의 성장과 성공을 함께 만들어가는 리더는 결국 자신도 성장하게 됩니다. 여러분이 경청의 힘, 공감의 기술, 그리고 인정의 마법을 통해 구성원들과 깊이 있는 대화를 나누고, 그들이 가진 잠재력을 끌어낼 수 있는 리더로 성장하길 진심으로 바랍니다.

　이 책을 여러분 곁에 두고 자주 활용해 주세요. 리더십의 길은 쉽지 않지만, 소통의 기술을 배우고 실행해 나간다면 그 길이 결코 외롭지 않을 것입니다. 여러분과 팀원들이 함께 나아가는 여정 속에서, 작은 신뢰의 씨앗들이 자라나 큰 나무가 되는 과정을 경험하길 기대합니다.

　앞으로의 리더십 여정에서 여러분의 성장을 응원하며, 이 책이 그 길에 조금이나마 도움이 되기를 바랍니다. 오늘도, 진정성 있는 대화로 신뢰의 다리를 놓아가세요.

<부록>

김지엘 박사의 '리더십 코칭' 프로그램 구성

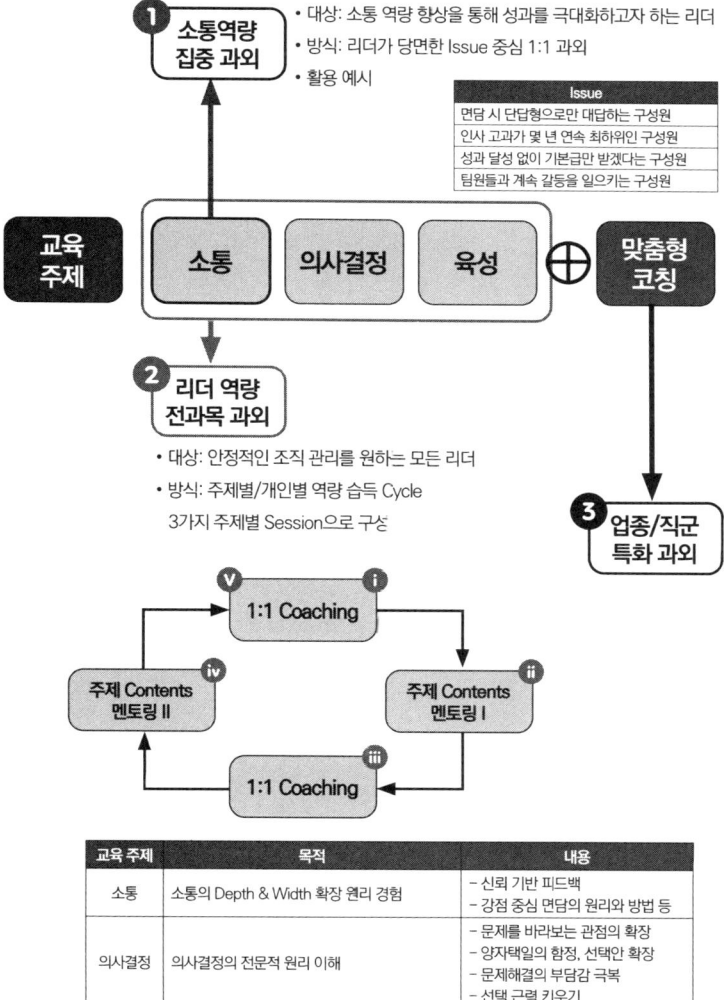

교육 주제	목적	내용
소통	소통의 Depth & Width 확장 원리 경험	- 신뢰 기반 피드백 - 강점 중심 면담의 원리와 방법 등
의사결정	의사결정의 전문적 원리 이해	- 문제를 바라보는 관점의 확장 - 양자택일의 함정, 선택안 확장 - 문제해결의 부담감 극복 - 선택 근력 키우기
육성	구성원의 성장을 견인하는 동력 부여 원리 습득	- 도움을 넘어선 깊이 있는 영향력 - 목표, 실적, 성과의 육성 관점 이해 - Constructive Alignment